ONE POT, aber FLOTT!

77 gesunde & abwechslungsreiche Gerichte

in unter 20 Min aus einem Topf

FÜR KINDER & KLEINKINDER

Inhaltsverzeichnis

Liebe Mamas und Papas,

im heutigen stressigen Alltag ist es oft eine richtig große Herausforderung, alles unter einen Hut zu bekommen: Beruf, Kindergarten, Schule und Familienalltag – wo soll da noch Zeit bleiben, um frisch zu kochen? Und wie muss eine gesunde Familien- und Kinderernährung eigentlich aussehen?
Vielseitige und ausgewogene Mahlzeiten stehen für sehr viele Eltern immer mehr im Fokus der Aufmerksamkeit, denn schließlich sorgt eine nähr- und vitalstoffreiche Ernährungsweise für eine optimale Entwicklung, mehr Energie, Leistungsfähigkeit und auch Wohlbefinden!
An eine gesunde Familienküche werden jedoch viele Anforderungen gestellt: Die Rezepte sollen unkompliziert sein, die Zutatenlisten nicht zu lang, die Einkaufswege möglichst kurz und die Zubereitung sollte flott gehen! Essen ist also mehr als nur eine simple Nahrungsaufnahme, es ist zunehmend eine Aufgabe, die mit viel Verantwortung verbunden ist.

Auch der Kostenfaktor spielt oft eine wichtige Rolle – und die gute Nachricht ist, dass eine gesunde, abwechslungsreiche und vollwertige Ernährung kein großes finanzielles Budget braucht.

Die gesunde, preiswerte und schnelle Familienküche lässt sich kinderleicht im Alltag umsetzen und genau zu diesem Zweck haben wir dieses Rezeptbuch nach dem One-Pot-Prinzip entwickelt. Wir möchten Klein und Groß für gesunde Lebensmittel begeistern und dafür, schnelle Gerichte gemeinsam zu kochen!
Fertiggerichte mögen zwar praktisch erscheinen, doch aufgrund der vielen enthaltenen Zusätze, Konservierungsmittel und Geschmacksverstärker sind sie vor allem für Kinder keine empfehlenswerte Ernährung. Wenn Sie selbst kochen, haben Sie die volle Kontrolle über die Zutaten und können zudem auch Ihre Kleinen Schritt für Schritt an ein gesundes Essverhalten heranführen.

Wir zeigen Ihnen in diesem Buch, wie das One-Pot-Prinzip funktioniert und welche Vorteile es für Ihren Familienalltag sowie die Gesundheit Ihrer Lieben bietet. Alle Rezepte enthalten gesunde, geschmackvolle und einfache Zutaten, die Sie in jedem örtlichen Supermarkt kaufen können. Mit flotten One-Pot-Gerichten bringen Sie innerhalb kürzester Zeit jede Menge Abwechslung auf den Familientisch.
Vielen Eltern fehlt im hektischen Alltag einfach die Zeit und die Muße, um stundenlang am Herd zu stehen, dennoch ist es für sie keine Option, Abstriche bei einer gesunden Familienernährung zu machen und mit „One Pot“ müssen Sie das auch nicht: Noch nie zuvor war Kochen so schnell und so vielseitig!

Wir wünschen Ihnen nun viel Freude beim Entdecken, Nachkochen und gemeinsamen Genießen!

Ihre Nora & Christina

ONE POT

wenig schnippeln, kurze Garzeiten, voller Geschmack

Alle Eltern möchten gerne, dass sich ihre Kinder ausgewogen, vielseitig und vollwertig ernähren, doch gerade im turbulenten Alltag mit Job, Kindern, Haushalt und einem vollen Terminkalender ist das oft leichter gesagt als getan. Exakt hier setzt One Pot an: Dieser Kochtrend ermöglicht Ihnen nämlich, blitzschnell frisch zu kochen. Sie müssen nicht mehr stundenlang in der Küche stehen oder unzählige Zutaten verarbeiten, um gesunde und leckere Mahlzeiten auf den Familientisch zu bringen.

Wie der Name bereits sagt, wird hier in einem einzigen Topf gekocht: Fleisch, Fisch, Soße, Pasta, Gemüse und Getreide garen bei dieser Kochart in nur einem Topf. Das Ergebnis sind ausgewogene und abwechslungsreiche Gerichte, die Klein und Groß richtig gut schmecken. Es gibt im Grunde unzählig viele Kombinationsmöglichkeiten, sodass garantiert keine Langeweile aufkommt. Beim Kochen verbinden sich die einzelnen Aromen wunderbar miteinander, doch es ist wichtig, auf die Garpunkte der einzelnen Zutaten sowie auf den Flüssigkeitsbedarf zu achten.

Klassische Eintopfgerichte sind häufig mit recht viel „schnippeln“ und langen Zubereitungszeiten verbunden. Das One Pot Konzept unterscheidet sich davon: Es ist frisch, modern und vielseitig – mit gesunden, nährstoffreichen Zutaten für jeden Geschmack: Von traditionell bis vegan und von herzhaft bis süß! Diese Kochinnovation ist schnell, einfach und lecker – und der Abwasch erledigt sich im Übrigen auch fast von selbst.

Die Erfinderin dieser Koch-Methode ist die erfolgreiche US-amerikanische Unternehmerin Martha Stewart: Sie gilt als beste „Hausfrau Amerikas“ und ist eine erfolgreiche TV-Köchin. Sie präsentierte in ihrem Magazin ein simples und schnelles Nudelgericht, für das nur ein einziger Topf benötigt wird: Diese „One Pot Pasta“ war ein großer Erfolg und somit war ein neuer Trend geboren, der von Foodbloggern und Ernährungsexperten aufgegriffen und weiterentwickelt wurde.
Das altbekannte Nudeln-Grundprinzip revolutionierte Martha Stewart von Grund auf. Sie verwendete eben keinen Topf für die Nudeln und einen für die Soße, sondern kochte die rohen Nudeln zusammen mit den anderen Soßenzutaten und viel Wasser. Nicht einmal die Zwiebeln wurde gesondert angeschwitzt, sondern einfach mit den anderen Zutaten mitgekocht. Kann das wirklich schmecken? Die Antwort auf diese Frage lautet: Ja, das kann es! Die Nudeln garen nämlich in einer herrlich duftenden Brühe und nehmen dadurch ein wunderbares Aroma an, das allein durch die Hinzugabe der Soße so nie erreicht werden würde.

Flotte Küche

für schnelle Köpfe

Sind Sie noch etwas skeptisch, ob das Kochen in nur einem einzigen Topf wirklich gelingen kann? Seien Sie unbesorgt, denn das kann es!
Eine zentrale Rolle spielen dabei die richtigen Mengenverhältnisse, damit eben beispielsweise Nudeln und Soße perfekt miteinander harmonieren, der Reis wunderbar zart wird, das Getreide angenehm körnig oder die Suppe schön sämig. Auch beim Hinzugeben von Flüssigkeit braucht es etwas Fingerspitzengefühl. Die goldene Regel lautet hier: „Nicht ertränken, sondern lieber löffelweise nachgießen!"
Auch stetiges Umrühren ist beim One-Pot-Prinzip Pflicht, denn nur so können alle Zutaten gleichmäßig gar werden und das unverwechselbare Aroma kann sich optimal entfalten.

Die meisten One Pot Gerichte garen in Gemüsebrühe, doch wenn cremigere Ergebnisse gewünscht sind, kann auch Sahne oder Vollmilch mit 3,5 % Fett verwendet werden. Für süße Frühstücksgerichte können Sie auch pflanzliche Milchalternativen verwenden: Wir greifen sehr gerne zu Kokosdrink, Hafer- oder Mandeldrink.
Für besonders cremige Soßen können Sie kurz vor Ende der Garzeit noch ein wenig Frischkäse in den Topf hineingeben.

One Pot, One Pan
und One Sheet

Wie bereits gesagt, ist das One Pot Prinzip unkompliziert und schnell. Sie vermengen ganz einfach die verschiedenen Zutaten mit den Gewürzen oder der benötigten Flüssigkeit in einem Topf und im Handumdrehen ist ein gesundes und geschmackvolles Gericht fertig zubereitet. Doch bietet One Pot auch Vorteile im Vergleich zu Gratins und Aufläufen? Die Antwort auf diese Frage lautet: Ja, absolut! Bei Gratins müssen erst alle Zutaten im Vorfeld einzeln angebraten, vorgekocht oder blanchiert werden und das kann recht zeitaufwendig sein. Vor allem dann, wenn es mal richtig schnell gehen muss, sind das unnötige Arbeitsschritte.

Aus diesem Grund gibt es nicht nur die One Pot Methode, sondern auch One Pan – alles aus einer Pfanne – oder One Sheet – alles aus einer Auflaufform beziehungsweise einem Backblech. Auch hier werden alle Zutaten zusammen in einer Pfanne oder im Backofen gebraten, gegart oder gekocht.

Alle Vorgehensweisen sind bestens dazu geeignet, um frische, leckere und richtige gesunde Rezeptkreationen zu zaubern.

One Pot Basics

so funktioniert diese „Ein-Topf-Küche"

Alles in einem Topf – das ist unkompliziert, überschaubar und einfach zeitsparend!
Die Grundzutaten sind bei diesem Kochtrend dabei immer dieselben. Sie können ganz nach Ihren Wünschen, Ihrem Geschmack und der vorherrschenden Jahreszeit entsprechend kombinieren. Wandeln Sie einzelne Rezeptideen auch gerne so ab, wie es Ihnen und Ihrer Familie am besten schmeckt.

Das sind die fünf Basics der One Pot Küche:

Breitgefächerte Gemüsevielfalt

Alles, was schmeckt und gefällt, ist erlaubt!
Achten Sie nur auf die unterschiedlichen Garzeiten: Härtere Gemüsesorten wie Kartoffeln, Paprika oder Karotten kochen von Beginn an mit. Zartere Gemüsesorten wie Zucchini kommen erst später in den Topf, Blattgemüse wie zum Beispiel Spinat sogar erst ganz zum Schluss. Sehr praktisch ist in der One Pot Küche TK-Gemüse: Zudem ist dieses sehr gesund, denn es wird gleich erntefrisch eingefroren und enthält noch die ganze Fülle an wertvollen Nähr- und Vitalstoffen.

Sattmacher als Grundlage

Hülsenfrüchte, Süßkartoffeln, Kartoffeln, Reis, Nudeln und Getreide – das sind die Sattmacher in der One Pot Küche. Sie garen direkt im Topf mit und geben dabei Stärke ab. Das sorgt dafür, dass die Gerichte ganz wunderbar und natürlich sämig werden.

Diese Zutaten machen das Gericht schön nahrhaft, sodass es für einen langanhaltenden Sättigungseffekt sorgt.

Reichlich Flüssigkeit

Das ist sehr wichtig in der One Pot Küche!
Natürlich wird oft auch mit Wasser gekocht, doch um so richtig Aroma in den Topf zu bringen, braucht es Fond, Gemüsebrühe, Sahne, Milch oder auch Wein. Auch Kokosdrink, Mandel-, Reis- oder Haferdrink können als Flüssigkeit verwendet werden.
Zum Teil können auch Tomaten aus der Dose einen Teil der Flüssigkeit ersetzen und gleichzeitig sorgen sie für ein extra fruchtiges Aroma.
In puncto Flüssigkeit sollten Sie etwas zurückhaltend sein: Geben Sie lieber während des Garens schrittweise Flüssigkeit hinzu und gießen Sie bei Bedarf immer wieder ein wenig nach, anstatt von Anfang an zu viel Flüssigkeit in den Topf zu geben.

Für den gewissen Pepp

Feine Gewürze wie eine Prise Kreuzkümmel, Currypaste, Soja oder ein Hauch Chili sorgen in der One Pot Küche für das gewisse Etwas. Auch frische Kräuter wie Rosmarin, Salbei, Basilikum, Thymian, Oregano, Lorbeer, Petersilie, Estragon, Dill oder Koriander verleihen Ihren Gerichten ein unverwechselbares Aroma. Für ganz besonders feine Geschmacksnoten sorgen auch Ceylon-Zimt, Sternanis, Vanille oder Kardamom. Seien Sie kreativ!

Köstliche Extras

Ein mageres Stückchen Fleisch wie etwas Minutensteaks, Putenschnitzel oder ein wenig Schinken verfeinern viele One Pot Gerichte auf wunderbare Weise. Auch ein Fischfilet oder Garnelen verleihen zahlreichen Kreationen einen besonderen Pepp. Nicht nur Vegetarier und Veganer können gerne zu Extras wie Halloumi oder Tofu greifen und somit für eine Extraportion Genuss sorgen.

ONE POT EQUIPMENT

das kleine 1x1

Im Allgemeinen ist jeder Topf für die One Pot Küche geeignet, doch im Idealfall sollte ein beschichteter Topf verwendet werden, insbesondere dann, wenn Zwiebeln oder Fleisch darin angebraten werden. So brennt mit Sicherheit nichts an, auch dann nicht, wenn Sie nicht dazu kommen, sofort umzurühren.
Was die One Pot Ausstattung anbelangt, haben wir hier einige Tipps für Sie:

- *Verwenden Sie beschichtete Töpfe und Pfannen, denn das verhindert nicht nur lästiges Anbrennen, sondern hilft Ihnen auch, fettarm zu kochen.*
- *Verwenden Sie immer auch einen passenden Topf- oder Pfannendeckel, denn auf diese Weise verdampft beim Kochen nicht so viel Flüssigkeit und die Gerichte trocknen nicht aus. Sie erzielen also eine bessere Konsistenz.*
- *Zudem kochen Sie auf diese Weise auch energiesparend, denn die erzeugte Wärme verbleibt so im Inneren und die allgemeine Kochdauer wird verkürzt.*
- *Wählen Sie auch Töpfe und Pfannen aus, die einen Durchmesser von mindestens 20 Zentimetern besitzen, denn auf diese Weise können Sie bequem umrühren, ohne dass es aus dem Topf herausspritzt.*

- *Benutzen Sie Pfannen mit einem feuerfesten Stiel, denn diese können Sie auch problemlos mal in den Backofen stellen. So können Sie Ihre Pfanne flott auch als Auflaufform nutzen.*
- *Auch eine Küchenwaage sollten Sie zuhause haben, denn diese benötigen Sie immer wieder, um Zutaten abzuwiegen und schon vor dem Kochen bereitzustellen. So müssen Sie zum Schluss nur noch alle Zutaten der Reihe nach in den Topf hineingeben. Das ist beispielsweise auch eine prima Aufgabe für Kinder. So können die Kleinen in der Küche mit dabei sein und beim Zubereiten der Familienmahlzeiten tatkräftig unterstützen.*
- *Auch ein Tiefkühler gehört zum One Pot Equipment dazu, denn Tiefkühlprodukte sind sehr praktisch und auch gesund! Insbesondere Kräuter, Früchte und Gemüse haben in tiefgekühlter Form eine sehr gute Qualität.*
- *Unser Tiefkühler ist immer ordentlich bestückt mit Kräutern, Karotten, Erbsen, Blattspinat, Fischfilets, Beeren und anderen gefrorenen Früchten. Auf diese Weise haben Sie die Möglichkeit auch schnell köstliche Gerichte zu zaubern, ohne einkaufen gehen zu müssen.*
- *Achten Sie auch darauf, dass Ihr heimischer Vorratsschrank ordentlich befüllt ist. Pasta, Hülsenfrüchte, Bulgur, Couscous, Reis, Kartoffeln und Haferflocken sollten im Grunde nie fehlen. Auch Nüsse, Samen, Kerne und Trockenfrüchte sollten im Idealfall vorrätig sein. Tomatenmark, Mais, Kidneybohnen, passierte Tomaten oder stückige Tomaten in der Dose sind ebenfalls wichtige Zutaten im Vorratsschrank.*

Auch pflanzliche Milchalternativen wie Reisdrink, Kokosdrink, Kokosmilch, Haferdrink und Mandeldrink gehören zum Grundrepertoire mit dazu. Vergessen Sie auch bitte nicht, hochqualitative und gesunde Öle einzukaufen, so zum Beispiel Olivenöl, Rapsöl oder Walnussöl. Auch Gemüsebrühe, Dinkelmehl, Dinkelvollkornmehl, Mandelmehl und andere Mehlsorten sollten immer griffbereit im Schrank stehen.

Unser Tipp:

Schreiben Sie sich immer Einkaufslisten und arbeiten Sie im Idealfall mit Wochenplänen. Dieses Vorgehen verhindert, dass Sie Lebensmittel einkaufen, die Sie unter Umständen gar nicht brauchen und auch nicht verwerten.

- *Die One Pot Kochmethode ist kinderleicht und gelingt auch Kochanfängern sehr gut. Die benötigten Kochutensilien sind im Allgemeinen in jedem Haushalt vorhanden, sodass sofort mit der Zubereitung losgelegt werden kann.*

Die Basis-Zutaten

der One-Pot-Küche

Was macht die One Pot Küche nun so besonders? Nun, im Grunde alles – vom Kochen, über das gemeinsame Genießen bis hin zum unkomplizierten Abwasch.
Auch einige One Pot Zutaten machen besonders happy und diese haben wir hier für Sie zusammengestellt.

Gemüse für die volle Nähr- und Vitalstoffpower

Auberginen

Sie enthalten zum Beispiel reichlich Kalium, B-Vitamine und Vitamin C. Sie sorgen für eine straffe Haut und sind zudem sehr kalorienarm: Auberginen bestehen zu 93 % aus Wasser.

Blumenkohl

In diesem Gemüse stecken viele wertvolle Mineralstoffe, B-Vitamine und Vitamin C, das für ein gesundes Immunsystem sorgt. Zudem enthält Blumenkohl, wie zahlreiche andere Kohlsorten auch, reichlich Vitamin K.

Brokkoli

In Brokkoli finden sich viele wertvolle Vitalstoffe wie zum Beispiel B-Vitamine, Vitamin C, E und Vitamin K. Auch wichtige Mineralstoffe wie Kalzium, Zink, Kalium, Magnesium und Eisen sind in diesem Gemüse in einer beachtlichen Menge enthalten. Ein richtiges Superfood!

Champignons

Sie beinhalten viele wertvolle Mikronährstoffe, so etwa B-Vitamine, doch auch Vitamin D. In Champignons finden sich zudem Mineralien wie Eisen, Kalium, Kupfer, Selen und Phosphor. Pilze sind nicht nur eine ausgezeichnete pflanzliche Proteinquelle, sondern sorgen auch für gesunde Knochen.

Chinakohl

Chinakohl ist ein herrliches Wintergemüse: Es enthält B-Vitamine, Vitamin C und wichtige Folsäure. In 100 Gramm Chinakohl finden sich 25 mg Vitamin C – das entspricht einem Viertel des empfohlenen Tagesbedarfs eines erwachsenen Menschen. Somit fördert dieses Lebensmittel ein gesundes Immunsystem und fördert auch die Gesunderhaltung des Nervensystems, der Haare und der Haut.

Erbsen

Erbsen bieten besonders viele B-Vitamine und zudem wertvolle Mineralien wie Kalzium, Magnesium, Zink und Eisen. Sie sind eine besonders kalorienarme und leckere Gemüsebeilage und zudem für Veganer und Vegetarier einen großartige Eiweißquelle.

Kartoffeln

Kartoffeln sind ein richtig gesundes und regionales Superfood: Sie sind kalorienarm, sorgen aber gleichzeitig für ein langanhaltendes Sättigungsempfinden. Aufgrund ihres Stärkegehalts gelten Kartoffeln fälschlicherweise als Dickmacher. Dabei ist die Knolle im Vergleich zu Reis oder Nudeln ein echtes Schlank-Food. Bei der enthaltenen Stärke handelt es sich um komplexe Kohlenhydrate, die nur langsam im Körper aufgespalten werden. Je länger der Körper mit dieser Verwertung beschäftigt ist, desto länger fühlen Sie sich auch satt.

Zudem stecken in Kartoffeln reichlich wertvolle Ballaststoffe und somit wird die Erdknolle zu einem wichtigen Lebensmittel für die Darmgesundheit. Sogar Vitamin C findet sich in Kartoffeln. Zudem liefern Kartoffeln wertvolle Mineralien und sekundäre Pflanzenstoffe. Diese Antioxidantien halten die Zellen jung und schützen vor schädlichen freien Radikalen.

Kidneybohnen

Das sind ideale Sattmacher dank dem hohen Stärke- und Proteinanteil.
Zudem stecken in Kidneybohnen nennenswerte Kalium- und Kalziummengen, ebenso Eisen und Magnesium.

Kohlrabi

In diesem Gemüse steckt reichlich Vitamin C für eine leistungsstarke Immunabwehr. Schon 100 Gramm Kohlrabi versorgen Sie und Ihre Lieben mit rund 63 mg Vitamin C. Somit unterstützt dieses Gemüse auch im Kampf gegen schädliche freie Radikale und bietet einen effizienten Zellschutz.

Lauch

Dieses Gemüse entschlackt und unterstützt die körpereigene Entgiftung. Wertvolle Inhaltsstoffe wie Eisen verbessern zudem die Energiegewinnung in den Körperzellen. Kalium fördert eine optimale Übertragung von Signalen an Muskel- und Nervenzellen und Vitamin C beeinflusst die Stoffwechselvorgänge im Körper auf sehr positive Weise.

Mai-Rüben

Dieses Gemüse enthält wertvolles Beta-Carotin und fördert somit eine gesunde Sehkraft. In 100 Gramm Mai-Rübchen stecken nur 0,2 % Fett! Mai-Rübchen sind ein sehr gesundes Frühlingsgemüse, das Kindern prima schmeckt!

Süßkartoffeln

In diesen Knollen steckt kaum Fett, dafür aber jede Menge wertvoller Vitamine. Süßkartoffeln enthalten zudem genauso viel Beta-Carotin wie Möhren! Somit stärken die Süßkartoffeln die Abwehrkräfte und wirken zudem zellschützend.

Zucchini

Zucchini sind ebenfalls ein sehr wertvolles Gemüse und schmecken Klein und Groß besonders gut! In Zucchini steckt reichlich Magnesium, B-Vitamine, Vitamin A, Vitamin C, Kalzium und Eisen – ein echtes Superfood eben! Zudem sind Zucchini sehr kalorienarm, dafür aber sehr mineralstoff- und vitaminreich. In der gesunden und ausgewogenen Gemüseküche dürfen sie auf keinen Fall fehlen!

Fruchtiges für die One Pot Küche

Ananas

In der frischen Frucht stecken deutlich wertvollere Inhaltsstoffe als im Saft. Ananas sind kalorienarm, aber dafür sehr kaliumreich. Auch reichlich Vitamin C findet sich in der exotisch-leckeren Frucht, wenn auch nicht ganz so viel wie in Orangen.
Ananas liefern zudem wertvolle Spurenelemente wie Mangan, Zink, Eisen oder Kupfer.

Feigen

Feigen wirken entgiftend, sättigend und sogar immunstärkend. Sie enthalten beispielsweise zahlreiche Ballaststoffe, was auch die Darmgesundheit fördert.
Auch viele Vitamine finden sich in dieser Frucht.

Birnen

Sie enthalten wichtige Mineralstoffe wie Kupfer, Eisen, Kalium, Jod, Zink und Magnesium. Durch den hohen Kaliumanteil wirken Birnen entwässernd und können auch leichte Nieren- und Blasenprobleme lindern. Auch Vitamin A, B-Vitamine sowie Vitamin C finden sich in Birnen.

Rhabarber

Rhabarber ist kalorienarm, aber richtig lecker. In dieser Frucht steckt Vitamin C, wertvolle Ballaststoffe und wichtige Mineralstoffe wie Eisen, Phosphor und Kalium.

Kirschen

Diese Früchte sind süßschmeckende Alleskönner. Sie enthalten wertvolle B-Vitamine, Vitamin C und Folsäure. Auch viele wichtige Mineralstoffe finden sich in den roten Früchten.

Himbeeren

Dank wichtiger Mineralien und B-Vitamine sowie Vitamin C sind Himbeeren wertvoll für den Stoffwechsel und ebenso für den Zellschutz. Zudem stecken in den leckeren Beeren wertvolle Flavonoide und Antioxidantien.

Fisch & Fleisch

Thunfisch

In diesem Fisch steckt wie in anderen Fischsorten auch, reichlich Eiweiß sowie stoffwechselaktives Jod. Auch entzündungshemmende und sehr wertvolle Omega-3-Fettsäuren finden sich in Thunfisch. Gesunde Fischsorten sind auch Lachs, Hering oder Makrele.

Garnelen

Sie enthalten reichlich Eiweiß und Jod. Damit liefern sie essenziell wichtige Baustoffe für die Zellerneuerung und die Regeneration.

Hähnchen

Hähnchenfleisch ist eine sehr kalorienarme Fleischsorte, die viele wertvolle Proteine liefert.

Getreide, Körniges & Kerniges

Buchweizen

Dieses Getreide ist sehr wertvoll für die Zellregeneration. Es enthält wertvolle Aminosäuren, Vitamin B1, B2 und Vitamin E. Auch wichtige Mineralstoffe stecken im Buchweizen. Dieses sogenannte Pseudogetreide ist bestens für Menschen mit einer Zöliakie geeignet sowie für Diabetiker.

Mandeln

Sie enthalten B-Vitamine und Vitamin E, ein wichtiges Antioxidans. Auch Mineralstoffe wie Zink, Kalzium und Selen finden sich in Mandeln. Auch viele Ballaststoffe sind in den kleinen Kernen enthalten, wodurch Mandeln die Darmgesundheit fördern. Auch für das Herz und das Gehirn sind Mandeln ein sehr wertvolles Lebensmittel.

Dinkel

In diesem Getreide stecken viele wertvolle Ballaststoffe und ungesättigte Fettsäuren, ebenso Vitamine und Mineralstoffe.

Leinsamen

In Leinsamen stecken wertvolle Ballaststoffe und ebenso wichtige Omega-3-Fettsäuren. Somit wirken sie verdauungsfördernd und schützen auch für schädlichen freien Radikalen.

Linsen

Sie gehören zu den Hülsenfrüchten und sind eine sehr wertvolle pflanzliche Eiweißquelle. Sie schmecken auch Kindern richtig gut und halten lange angenehm satt.

Pinienkerne

Pinienkerne punkten mit einigen gesundheitsförderlichen Eigenschaften: So enthalten sie beispielsweise viel Vitamin B1 und B2: Diese Mikronährstoffe sind besonders wichtig für ein gesundes Wachstum von Kindern. Zudem unterstützen Pinienkerne ein gesund funktionierendes Nervensystem.

Sesam

Sesam sind richtig nährstoffreiche Powersamen, die in der traditionellen Heilmedizin schon seit Jahrtausenden bekannt und sehr beliebt sind.
Sie enthalten viele wertvolle ungesättigte Fettsäuren. Zudem finden sich in den kleinen Samen reichlich Vitamine und Mineralstoffe. Besonders wertvoll sind Sesam-Samen im Rahmen der vegetarischen und veganen

Ernährung, denn sie sind eine ausgezeichnete pflanzliche Eisenquelle. Rund 10 % Eisen sind in Sesam-Samen enthalten, die vom Körper sehr gut aufgenommen und verwertet werden können.
Besonders wertvoll ist die Kombination aus Sesam-Samen und Vitamin-C-reichem Obst oder Gemüse. In dieser Zusammensetzung liefern sie nämlich reichlich Kalzium, Zink, B-Vitamine, wertvolle Aminosäuren, Magnesium und Vitamin E.

Die Basics
einer gesunden Ernährung

Ernährung, Bewegung und Stressbewältigung sind drei zentrale Bausteine einer gesunden kindlichen Entwicklung.
Insbesondere ohne eine gesunde und vollwertige Ernährungsweise können sich Kinder nicht gesund entwickeln und vor allem auch nicht langfristig gesund bleiben. Aus diesem Grund sollte den Lebensmitteln, die täglich auf dem Teller landen ausreichend Aufmerksamkeit beigemessen werden. Ein ausgewogenes Essverhalten ist die Basis für ein gesundes Bewegungsverhalten des Kindes: Indem die täglichen Mahlzeiten alle essenziellen Nährstoffe bereitstellen, liefern sie dem Kind die erforderliche Energie, die es für die täglichen Aktivitäten, seine Bewegung und sein Spiel benötigt. Aktive Kinder, die sich viel bewegen, haben dementsprechend auch einen höheren Energiebedarf als andere Kinder. Hier reguliert auch die spielerische Bewegung durch ein gesundes Hunger- und Sättigungsempfinden die tägliche Energieaufnahme – und das auf eine ganz natürliche Art und Weise.

Kinder sind auf eine angemessene Nährstoffversorgung dringend angewiesen. Eine mangelnde Zufuhr erhöht nämlich unter anderem die Stressanfälligkeit des Kindes. Dabei kann genau ein solcher Stress Essensfrust auslösen oder auch zu einem Appetitverlust führen.
Körperliche Bewegung hilft dem Kind hingegen Stress, innere Unruhe, Nervosität und Schlafstörungen abzubauen.
Wird auch nur einer dieser Bausteine – Ernährung, Stress oder Bewegung – positiv beeinflusst, so hat das auch einen positiven Effekt auf andere Aspekte. So trägt auch eine ausgewogene Ernährungsweise dazu bei, die gesundheitliche Entwicklung des Kindes perfekt zu unterstützen.

Kinder sind im Allgemeinen sehr neugierig, wollen Neues ausprobieren und kennenlernen: Das gilt auch in puncto Essen! Unbekannte Lebensmittel sind somit ein ausgezeichnetes Betätigungsfeld für die Kinder, aber auch für die Eltern. Vor allem jüngere Kinder sind in ihrer Nahrungsmittelauswahl noch nicht wirklich festgefahren: Zahlreiche Gerüche, Konsistenzen, Farben und Geschmäcker – Kinder wollen so oft es nur möglich ist, die leckere Vielfalt an Lebensmitteln ausprobieren. Mit dem One Pot Prinzip können Sie Ihr Kind optimal dabei unterstützen und somit einen perfekten Einstieg in ein gesundes Essverhalten schaffen.
Sie brauchen weder Kalorienzählen noch aufwändige Rezeptideen: Für eine ausgewogene Kinder- und Familienernährung müssen nur einige einfache Grundregeln beachtet werden:

Ausreichend und richtig trinken

Mindestens einen Liter sollten Kleinkinder trinken, Schulkinder sogar bis zu 1,5 Liter pro Tag. Ideale Durstlöscher sind stilles Wasser, Mineralwasser sowie ungesüßte Frucht- und Kräutertees. Zuckerreiche Limonaden und Fruchtsäfte sind nicht geeignet. Hin und wieder kann ein Glas Fruchtsaft für ein tolles Geschmackserlebnis sorgen, doch als Dauergetränk ist es nicht geeignet. Sie können Säfte auch zu einer Schorle mit Wasser verdünnen.
Kinder müssen lernen zuckerfrei zu trinken und den Körper mit wertvoller Flüssigkeit zu versorgen. Kalorienbomben wie Cola, Limo und Co. sind kein Bestandteil einer gesunden und bewussten Kinderernährung.

Frisch kochen

Genau das gelingt Ihnen im Handumdrehen mit One Pot. Fertiggerichte sind voller ungesunder Geschmacksverstärker, Aromastoffe, Konservierungsmittel und Kalorien. Sie prägen den Geschmack der Kinder von früh an auf Industrieprodukte. Wie gesunde und naturbelassene Lebensmittel schmecken, kann Ihr Kind nur erfahren, wenn Sie auch regelmäßig mit frischen Zutaten selbst kochen. Vielleicht finden Sie in diesem Buch ja ein Familien-Lieblingsgericht aus der One Pot Küche, für das Ihre Kinder noch schwärmen, wenn sie eines Tages erwachsen sind.

Reichlich Früchte und Gemüse essen

Gemüse und Früchte enthalten viele wertvolle Vitamine, Mineralstoffe, Spurenelemente und sekundäre Pflanzenstoffe. In den Pflanzen stecken auch wertvolle Duft-, Farb- und Aromastoffe, die der menschliche Körper dringend benötigt. So beispielsweise Beta-Carotin: Hierbei handelt es sich um einen Naturfarbstoff aus der Gruppe der Carotinoide, der zum Beispiel in Möhren zu finden ist. Der Körper kann es zum Teil in wichtiges Vitamin A umwandeln.

Auch das Lycopin in Tomaten oder Anthocyane in Heidelbeeren, Brombeeren oder Auberginen sind solche wertvollen Pflanzenfarbstoffe, die wichtige Funktionen im Körper des Menschen erfüllen.

Mehrere gesunde Mahlzeiten am Tag essen

Kinder haben wesentlich kleinere Energiespeicher und brauchen somit auch mehrere Mahlzeiten am Tag. Daher finden Sie auch in diesem Buch viele Inspirationen für gesunde Frühstücks-, Mittags- und Abendgerichte, ebenso wie für leckere Desserts und Nachspeisen.

Das Frühstück ist dabei eine besonders wichtige Mahlzeit, denn es beendet das „Nachtfasten“ und füllt die Speicher wieder auf. So können die Kleinen wieder voller Energie in den Tag starten und haben ausreichend Power zum Spielen, Lernen, Toben und Aufwachsen!

Essen Sie hin und wieder Fisch

Fisch ist die wichtigste Jodquelle! Ernährungs- und Kindermediziner geben an, dass die Versorgungslage der Kleinen mit diesem wichtigen Spurenelement besser geworden ist, doch optimal ist sie leider noch immer nicht. Am besten sollte einmal pro Woche eine Fischmahlzeit auf dem Familientisch landen, denn Fisch liefert reichlich gesunde Fettsäuren. Für Kinder sind grätenfreie Fischfilets optimal. Entdecken Sie auch in diesem Buch leckere Mahlzeiten mit Fisch aus der One Pot Küche.

Regelmäßig Getreideprodukte essen

Auch Getreideprodukte gehören täglich auf den Familientisch, das empfiehlt auch die Deutsche Gesellschaft für Ernährung (DGE). Brot und Nudeln aus Vollkornmehl sind die gesündeste Wahl. Gewöhnen Sie Kinder daher frühzeitig an Vollkornprodukte, denn bei einer Umgewöhnung im späteren Lebensalter ist viel Geduld und Fingerspitzengefühl notwendig. Die dunklere Farbe, der intensiv-kräftige Geschmack und die etwas härtere Konsistenz können Kinder nicht mehr so einfach zuordnen. Zudem kann eine zu schnelle Umstellung von Weißmehl- auf Vollkornmehlprodukte zu unangenehmen Blähungen führen.

Nicht jeden Tag Wurst und Fleisch!

Fleisch ist im Rahmen einer gesunden Kinderernährung ein möglicher Bestandteil, doch es gibt Einschränkungen. Zwei bis drei kleinere Fleischmahlzeiten pro Woche sind definitiv ausreichend, denn ansonsten werden zu viele tierische Fette aufgenommen. Ein kleines, mageres Stückchen Fleisch und eine große Portion an Gemüse, Kartoffeln, Reis oder Pasta versorgt Kinder mit dem idealen Nährstoff-Mix.

Mit Wurstwaren sollten Sie vorsichtig sein: Stark geräucherte und gepökelte Waren können gesundheitsschädliche Stoffe enthalten. In manchen Sorten finden sich auch völlig überflüssige Aromastoffe. Hin und wieder ist gegen eine Scheibe Wurst nichts einzuwenden, doch eine gesunde und dauerhafte Kinderernährung kann so nicht sichergestellt werden.

Verantwortungsvoller Umgang mit Süßigkeiten

Bei diesem Thema scheiden sich die Geister!

Kinder lieben Süßigkeiten, während sie ernährungsbewusste Mütter und Väter am liebsten vom Speiseplan verbannen würden: Sie sorgen bei reichhaltigem Verzehr für Übergewicht, Karies und haben allgemein in gesundheitlicher Hinsicht nichts zu bieten.

Dennoch ist ein grundsätzliches Süßigkeiten-Verbot nicht empfehlenswert, denn dann werden Süßwaren für die Kleinen erst so richtig interessant. Führen Sie am besten feste Naschzeiten ein oder erlauben Sie hin und wieder kleine Ausnahmen, zum Beispiel am Wochenende.

Probieren Sie gerne unsere Dessert-Rezeptideen aus diesem Buch aus und backen Sie selbst. Verwenden Sie gerne auch Zuckeralternativen. Dazu haben wir im nächsten Kapitel mehr Informationen für Sie.

Süße aus der Natur

gesunde Zuckeralternativen für Klein & Groß

Komplett ohne Süße funktioniert es im Alltag nicht. Doch anstatt mit herkömmlichem Industriezucker können Sie leckere Kuchen, Muffins & Co. aber auch mit frischen Früchten, mit Kokosblütenzucker, mit Trockenobst oder mit Reissirup süßen. Durch diese Zuckeraustauschstoffe steigt der Blutzuckerspiegel nur langsam an und gleichzeitig sind sie wesentlich nährstoffreicher.

Diese süßen Alternativen sind somit definitiv die gesündere Wahl:

Ahornsirup

Dieser Saft wird aus dem Ahornbaum extrahiert, gefiltert und eingekocht. Er hat einen intensiv-kräftigen, karamellartigen Geschmack und süßt nicht nur Pancakes oder andere süße Speisen, sondern kann auch ideal zum Backen verwendet werden. Je heller der Ahornsirup ist, desto wertvoller ist er. Ahornsirup hat einen glykämischen Index von etwa 55 und liegt somit ein wenig unter dem normalen Haushaltszucker, doch er hat eine stärkere Süßkraft als dieser. Ahornsirup liefert zahlreiche wertvolle Mineralstoffe wie zum Beispiel Magnesium, Kalium oder Eisen, hat aber auch einen ziemlich hohen Fruchtzuckergehalt, weshalb er vor allem von Menschen mit einer Fruchtzuckerunverträglichkeit oft nicht leicht vertragen wird.

Dattelsirup

Hierbei handelt es sich um einen rotbraunen Sirup, der aus eingekochten Datteln hergestellt wird. Dattelsirup hat eine deutlich intensivere Süßkraft als Zucker, weshalb er sparsam eingesetzt werden sollte. Dieser Sirup schmeckt fruchtig-süß und passt somit nicht nur zu süßen Speisen, sondern perfekt auch zu herzhaften Gerichten.

Dattelsirup ist sehr mineralstoffreich und soll antibakterielle Eigenschaften haben: Somit ist er nicht nur eine sehr leckere Zuckeralternative, sondern auch eine sehr gesunde.

Bienenhonig

Dieses Naturprodukt hat ebenfalls eine deutlich höhere Süßkraft als Zucker. Insbesondere roher und kalt geschleuderter Honig soll sehr wertvolle Stoffe beinhalten, die zudem eine antibiotische Wirkung haben sollen. Dieser Honig kann vor allem bei kalten Zubereitungen sehr gut eingesetzt werden, aber nicht bei Speisen für Babys, die das erste Lebensjahr noch nicht vollendet haben.

Kinder unter 12 Monaten sollten generell laut den Empfehlungen der Ärzte und Ernährungsexperten gar keinen Honig essen. Der glykämische Index hängt von der jeweiligen Honigsorte ab, ebenso wie der Fruchtzuckeranteil.

Kokosblütenzucker

Hierbei handelt es sich um einen krümeligen, braunen Zucker, der aus den Blüten der Kokospalme extrahiert wird. Kokosblütenzucker ist unraffiniert und enthält daher sehr viele Aminosäuren, Antioxidantien, Mineralien und Vitamine im Vergleich zu normalem Industriezucker. Zudem steckt in Kokosblütenzucker reichlich Inulin, ein sehr wertvoller Ballaststoff. Diese Zuckeralternative hat ein wunderbares Kaffee-Karamell-Aroma, aber eine etwas geringere Süßkraft als normaler Zucker. Vor allem Personen mit einer Fruchtzuckerunverträglichkeit sollten eher nicht zu Kokosblütensirup greifen.

Grundsätzlich empfehlen wir Ihnen, zu Bio-Ware zu greifen. Sehr preisgünstige Produkte sind oftmals verunreinigt oder mit anderen Inhaltsstoffen gestreckt. Wenn Sie auf der Suche nach einer flüssigen Alternative sind, können Sie zu Kokosblütensirup greifen.

Reissirup

Mithilfe von natürlichen Reis-Enzymen wird dieser Sirup hergestellt, der viele sogenannte darmfreundliche Oligosaccharide, also Mehrfachzucker enthält und zudem viele Mineralien und Protein. Reissirup ist vollkommen fructosefrei und enthält auch kein Gluten. Diese Zuckeralternative hat ein sehr mildes Aroma und eignet sich ausgezeichnet für Getränke, Cremes und Müslis, aber auch zum Backen diverser Süßspeisen. Die Süßkraft ist in etwa nur halb so stark wie die von normalem Zucker. Dieser Zuckerersatzstoff ist einige der wenigen Alternativen, die auch für Personen mit einer Fruchtzuckerunverträglichkeit bestens zur Anwendung kommen können.

Trockenfrüchte

Bei Trockenobst handelt es sich um Früchte, denen durch Dörren die Feuchtigkeit entzogen wurde, bis auf einen Rest von etwa 20 Prozent. Trockenobst hat einen sehr hochkonzentrierten Fruchtzuckergehalt und sollte daher auch beim Backen in nicht zu großen Mengen verwendet werden. Dennoch sind Trockenfrüchte sehr gesund, denn sie enthalten neben wertvollen Mineralien und Vitaminen auch jede Menge wichtige Ballaststoffe: Diese halten lange satt und fördern zudem die körpereigenen Verdauungsprozesse.

Lesen Sie sich bitte genau die Zutatenliste durch, wenn Sie Trockenfrüchte kaufen, denn in nicht wenigen Fällen wird dem getrockneten Obst auch noch zusätzlich Haushaltszucker zugesetzt. Das ist zum Beispiel bei Cranberrys der Fall, da sie ansonsten zu sauer oder zu bitter wären. Solche Früchte sollten aber im Idealfall lediglich mit anderen Fruchtsäften wie zum Beispiel Apfel- oder Ananassaft gesüßt werden.
Zudem empfehlen wir Ihnen, zu nicht geschwefelten Trockenfrüchten zu greifen, denn in diesen steckt noch die ganze Fülle an Vitaminen.

Warum sind regionale Lebensmittel so wertvoll?

Es bietet viele verschiedene Vorteile, sich regional zu ernähren. Ein zentraler Punkt ist die Nahrungsmittelqualität und auch der Preis. Regional bedeutet, dass die Lebensmittel nur kurze Transportwege hinter sich haben – vom Hersteller bis zum Verbraucher-Zielort. Regionale Nahrungsmittel können zum optimalen Zeitpunkt geerntet werden, sodass keine wertvollen Vital- und Nährstoffe verloren gehen. Die Produktqualität bleibt erhalten und die Lebensmittel schmecken wesentlich frischer und geschmackvoller. Durch die gute Qualität halten sich die Nahrungsmittel auch wesentlich länger.

Regionale Ernährung bedeutet automatisch eine höhere Nährstoffdichte und somit eine gesündere und vollwertige Ernährung.

Durch kurze Transportwege kann zudem ein niedrigerer Preis für die Nahrungsmittel angesetzt werden. So verbleibt beim Hersteller mehr Geld, der dieses wiederum in die hohe Qualität der Produkte investieren kann. Regional essen stärkt die Wirtschaft und fördert vor allem die kleinen Erzeuger und die Kommunen. Teilweise ermöglicht erst eine regionale Ernährungsweise das Überleben kleinerer Landwirtschaftsbetriebe.

Die Nahrungskette ist hier sozusagen transparent: Das bedeutet, dass für Sie als Endverbraucher der Hersteller bekannt sein muss. Das ist zwar noch keine Garantie, aber doch eine sehr wichtige Grundvoraussetzung für mehr Verantwortung und Gewissenhaftigkeit bei der Produktherstellung. Aus dem gemeinsamen Austausch zwischen Verbraucher und Erzeuger erwächst zudem eine Kultur der Wertschätzung: Die Wertschätzung der Nahrungsmittel, des landwirtschaftlichen Handwerks und der Tiere!

Selbstverständlich profitieren auch die Natur und die Umwelt davon, wenn mehr auf regionale Produkte gesetzt wird. Kürzere Transportwege bedeuten nämlich gleichzeitig auch eine geringere Umweltbelastung. Hochqualitative regionale Produkte ermutigen die Verbraucher gleichzeitig noch mehr auf eine bewusste, vielseitige und bunte Ernährung zu achten. Diese Achtsamkeit vor den Lebensmitteln ist von essenziell wichtiger Bedeutung.

7 Gründe für regionale Nahrungsmittel

1. Regional essen ist umweltschonend, denn die Transportwege können kurzgehalten werden. Zugleich kann das Verkehrsaufkommen auf den Straßen reduziert werden.
   Insbesondere Lebensmittel, die mit dem Flugzeug transportiert werden müssen, haben eine sehr schlechte Ökobilanz.

2. Regionale Nahrungsmittel bieten ein wahres Genuss- und Geschmackserlebnis, denn sowohl Obst als auch Gemüse kann vollständig ausreifen. Auf diese Weise haben Verbraucher die Möglichkeit, alle Produkte erntefrisch einzukaufen.

3. Durch die volle Reifeperiode enthalten Lebensmittel die ganze Fülle an Nähr- und Vitalstoffen. Regional essen ist somit gesünder.

4. Regionale Produkte gewährleisten beste Qualität zwischen den Herstellern und den Endverbrauchern.

5. Regionale Produkte haben einen geringeren Preis als importierte Lebensmittel.

6. Durch regionale Produkte kann mehr Identität zwischen Hersteller und Verbraucher geschaffen werden. Es geht nicht mehr um anonyme Produkte vom anderen Ende der Welt, sondern oft vom bekannten Landwirt nebenan.

7. Regionale Produkte stärken die lokale Wirtschaft, denn dadurch können auch zahlreiche Arbeitsplätze neu geschaffen beziehungsweise erhalten werden.

Bio-Ernährung

Wichtig oder doch unnötig?

Bio Lebensmittel boomen und sind aktuell hoch im Trend. Diese Nahrungsmittel finden sich längst schon nicht mehr nur im Reformhaus oder im Bio-Laden. Nein, so gut wie jeder Supermarkt bietet eine breitgefächerte Bio-Produktpalette an. Neben Früchten und Gemüse sind vor allem Eier, Milch, Milchprodukte und Fleisch sehr beliebte Bio-Produkte.

So können Sie Bio-Nahrungsmittel erkennen

Steht „*öko*" oder „*bio*" als Aufschrift auf der Verpackung, macht das eindeutig kenntlich, dass das jeweilige Nahrungsmittel aus biologischem Anbau stammt. Es entspricht also den Kriterien der EU-Öko-Verordnung. Die meisten Produkte sind mit dem grünen „EU-Bio-Siegel" ausgezeichnet. Manche Lebensmittel tragen auch noch das sechseckige Bio-Zeichen: Auf diesem ist das Wort „Bio" deutlich zu erkennen.

Neben dem bekannten Bio-Siegel gibt es aber auch noch weiter Zeichen: So haben beispielsweise die Anbauverbände Naturland, Bioland oder Demeter ganz eigene Siegel.

Sie alle erfüllen weitaus strengere Bio-Richtlinien als diejenigen der klassischen EU-Öko-Verordnung.

Kontrolle biologischer Nahrungsmittel

Jedes einzige BIO-Nahrungsmittel muss bestimmte Kontrollen durchlaufen.
Wer biologische Lebensmittel produziert, muss sich bei einer der zugelassenen Öko-Kontrollstellen registrieren. Nach der ersten Lebensmittelprüfung im Rahmen derer nachgewiesen werden muss, dass die Standards der EU-Öko-Verordnung eingehalten worden sind, erfolgt mindestens ein Mal pro Jahr eine weitere Kontrolle.
Die regelmäßigen Nahrungsmittelkontrollen erfolgen immer ohne vorherige Anmeldung. Bei allen Besuchen seitens der Kontrollbehörde muss nachgewiesen werden, dass das jeweilige Unternehmen oder der Landwirtschaftsbetrieb ökologisch wirtschaftet.
Die Kontrollstellen sind alle amtlich zugelassen und sind den staatlichen Behörden der Bundesländer unterstellt.

Warum sind Bio-Nahrungsmittel teurer?

Biologische Nahrungsmittel haben einen etwas höheren Preis als konventionell hergestellte Produkte. Das liegt zum einen daran, dass der Anbau der Nahrungsmittel aufwendiger ist und die Ernte meistens geringer ausfällt, da auf chemische Pflanzenschutzmittel verzichtet wird.
Auch die artgerechte Tierhaltung, die mehr Platz und hochwertiges Futter aus ökologischer Erzeugung bietet, ist kostenintensiver.

Bei Obst und Gemüse zahlt sich Bio-Qualität eindeutig aus und auch Milchprodukte aus Bio-Produktion sind ohne Gentechnik hergestellt. Besonders empfehlenswert ist Fleisch aus Bio-Qualität! Hier achten die Landwirte auf eine artgerechte Tierhaltung und bieten den Tieren nicht nur mehr Platz im Stall, sondern auch Auslauf in der freien Natur und hochwertiges Bio-Futter.
Ebenso wird auf Antibiotika in der Tierzucht verzichtet!

6 Gründe für mehr Bio-Produkte in der täglichen Ernährung

1. Nahrungsmittel ohne Gentechnik & Pestizide

In herkömmlich hergestellten Früchten und Gemüse können diverse Pestizide stecken, denn beim Anbau ist die Anwendung von Pflanzenschutzmitteln erlaubt.

Nahrungsmittel, die das Bio-Siegel tragen sind hingegen weitestgehend frei von diesen chemischen Schutz- und Düngemitteln.

Auch Gentechnik ist bei Bio-Produkten kein Thema mehr! Der Einsatz von gentechnisch veränderten Organismen ist hier bei der Nahrungsmittelumstellung streng untersagt.

2. Artgerechte Tierhaltung

Zu viele Tiere auf engstem Raum und kaum Auslauf in der freien Natur: Die konventionelle Tierhaltung steht hoch in der Kritik.

Wer sich für Milch, Milchprodukte und Fleisch mit dem Bio-Siegel entscheidet, kann sicher davon ausgehen, dass die Tiere artgerecht gehalten werden.

Sie bekommen wesentlich mehr Auslauf in der freien, grünen Natur. In der Bio-Verordnung gibt es fest geregelte Vorgaben, wie viele Tiere pro Hektar gehalten werden dürfen. So sind zum Beispiel pro Hektar nur fünf Mastkälber oder zwei Milchkühe erlaubt. Des Weiteren werden die Tiere ausschließlich mit artgerechtem Öko-Futter gefüttert. Kraftfutter und Antibiotika sind definitiv keine Nahrungsgrundlage. Antibiotika dürfen nur ausnahmsweise im Krankheitsfall verabreicht werden.

3. Große Vielfalt

Bio-Bauern achten auf ihrem Acker auf reichlich Abwechslung. Das ermöglicht Ihnen eine größere Sortenvielfalt im Handel. Es werden also nicht nur Standard Gemüse- und Fruchtsorten angebaut, sondern auch nicht so geläufige Sorten. Das ist Vielfalt und purer Genuss!

4. Klimaförderlich

Beim Anbau von Bio-Früchten und Bio-Gemüse sind Stickstoffdünger strenge verboten! Dadurch werden wesentlich weniger Treibhausgase erzeugt als bei der konventionellen Produktion.
Das tut dem Klima und der Umwelt richtig gut!

Übrigens: Wer auf Stickstoffdünger verzichtet, baut sich im Acker mehr Humus aus, der ebenso Kohlendioxid bindet. Auch dieser Aspekt ist klimaentlastend.

5. Extraportion Geschmack

Bio-Produkte sind nicht nur für die Natur und die Tiere gut, sondern vor allem auch für Sie: Sie werden in puncto Geschmack den Unterschied eindeutig merken!
Aromatische Sorten und Nahrungsmittel ohne ungesunde Zusatzstoffe: Das ist eine rundum gesunde und vollwertige Ernährung.
In Bio-Produkten dürfen maximal 49 Zusatzstoffe enthalten sein. Zum Vergleich: In herkömmlichen Nahrungsmitteln dürfen es über 300 Zusatzstoffe sein!

Sehr große Unterschiede fallen auch beim Fleisch auf – geschmacklich und qualitativ!
Der Wasseranteil ist wesentlich geringer und dementsprechend schrumpft das Fleisch beim Anbraten auch nicht so stark zusammen!

6. Signifikante Differenzen in puncto Nährstoffgehalt

Pflanzliche biologische Nahrungsmittel enthalten deutlich mehr Nährstoffe als jede, die aus herkömmlichem Anbau stammen.
Bio-Pflanzen werden nicht mit synthetisch-chemischen Pestiziden behandelt und müssen sich somit selbst gegen Umwelteinflüsse schützen. Zu diesem Zweck produzieren die Pflanzen eine höhere Menge an sogenannten sekundären Pflanzenstoffen! Genau hiervon profitieren Sie im Rahmen einer gesunden Ernährung: Sie nehmen viel mehr

kostbare Antioxidantien auf, die vor schädlichen freien Radikalen schützen.

Beispiel:

Ein Apfel, der aus biologischem Anbau stammt, enthält rund 1,5 Mal so viele Antioxidantien wie ein Apfel aus herkömmlichem Anbau.

Saisonale Ernährung

Ausgewogen, abwechslungsreich & gesund

Unsere Ernährung wird maßgeblich von den Jahreszeiten beeinflusst. Zu früheren Zeiten war das gar kein Thema, denn der tägliche Ernährungsplan bestand selbstverständlich aus regionalen und saisonalen Lebensmitteln. Heute sieht das schon ganz anders aus, denn diverse Nahrungsmittel werden ganzjährig in die Supermärkte eingeführt.

Auch saisonale Nahrungsmittel haben keine langen Transportwege hinter sich und überzeugen daher mit einem Plus an Frische. Was saisonal ist und in der eigenen Region angebaut werden kann, kommt praktisch vom Erzeuger um die Ecke. Dementsprechend haben diese Nahrungsmittel auch keine zu langen Lagerzeiten.
Das ist auch ein wesentlicher Grund, weshalb saisonale Produkte deutlich geschmackvoller und nährstoffreicher sind. Wenn Sie sich saisonal ernähren, bedeutet das, dass Sie abwechslungsreich und ausgewogen essen. Eine regionale sowie eine saisonale Ernährung ist alles andere als eintönig. Sie haben immer wieder die Möglichkeit, vielleicht schon fast vergessene Gemüsearten wiederzuentdecken oder andere Rezeptkreationen auf den Tisch zu bringen.

Ganzjähriger Saisonkalender

Januar	Wintergemüse wie Kohl, einheimische Äpfel oder Feldsalat
Februar	Wurzelgemüse wie Äpfel, Porree und Kohl
März	Kohl, Wurzelgemüse, Mangold
April	Erdbeeren, erster Spargel, Rhabarber, Spinat, Kräuter
Mai	Kartoffeln, Salate, Radieschen, Spargel, Erdbeeren und Kohlrabi
Juni	Beerenfrüchte, Erdbeeren, Aprikosen, Zuckerschoten
Juli	Salate, frische Früchte wie zum Beispiel auch Melonen, Tomaten,
August	Kernobst, Salate, Auberginen, Zucchini
September	Stangenbohnen, Buschbohnen, erster Kürbis, Weintrauben, frische Äpfel, Pflaumen, Fenchel
Oktober	Endivien, Möhren, Rote Beete, Äpfel, Quitten
November	Steckrübe, Wurzelgemüse, Kohl, Petersilienwurzel
Dezember	Schwarzwurzel, Pastinake, Kohl

Eine saisonale Ernährung zahlt sich in jedem Fall für Sie aus. Ein solcher Ernährungsplan bietet Ihnen maximalen Genuss, Vielseitigkeit und Flexibilität – und das ganzjährig!

Frühe Gesundheitserziehung

Lassen Sie Ihre Kinder mitkochen

Insbesondere für kleine Kinder ist die Küche ein sehr spannender Ort, an dem sie viele neue und wertvolle Erfahrungen sammeln dürfen. Die Kleinen wollen mit den Erwachsenen in der Küche stehen, mitmachen, ausprobieren und voller Eifer helfen.

Motivieren Sie daher Ihr Kind mit zum Einkaufen zu kommen, den Tisch für die Familie zu decken oder beim Kochen und Backen zu unterstützen. Lassen Sie sich helfen und übertragen Sie Ihrem kleinen Liebling ruhig die ein oder andere Aufgabe! Dadurch kann es wertvolle Verantwortungskompetenzen erwerben und sich nützlich fühlen! Die hier investierte Zeit, zahlt sich mit Sicherheit langfristig aus – sowohl für Sie, als auch für Ihr Kind!

Kinder macht es stolz, wenn Sie sehen, dass Ihnen Aufgaben zugetraut werden. Das stärkt ihr Selbstbewusstsein ungemein. Zum anderen fördert gemeinsames Kochen und backen das Familienzugehörigkeitsgefühl.

Wenn Kinder von früh an mit dabei sind, bekommen Sie schon von Anfang an den Umgang mit gesunden und hochwertigen Nahrungsmitteln gelehrt. Sie bekommen ein Gespür für gesunde Ernährung und lernen die Facts somit spielend einfach. Wie sieht eine Karotte aus? Wie schmeckt der Apfel? Welche Gewürze gibt es? Die Welt der Nahrungsmittel bietet den Kleinen unheimlich viel zu entdecken!

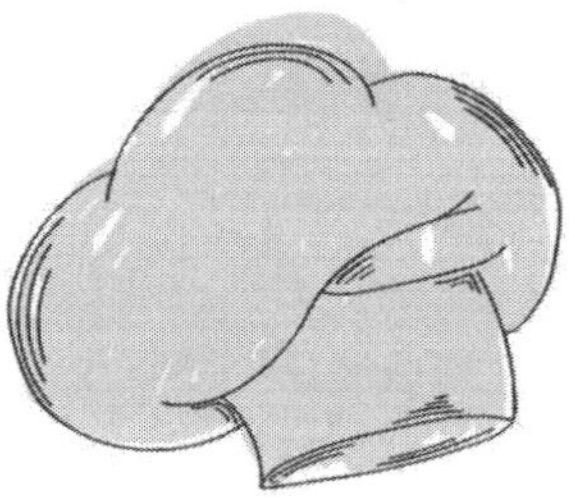

Selbstverständlich ist das gemeinsame Kochen zeitintensiver, doch der Aufwand lohnt sich auf jeden Fall. Binden Sie Ihr Kind daher ruhig in den Küchenalltag mit ein und geben Sie ihm die Chance als Beikoch mitzumachen. Ihre Geduld zahlt sich aus!

Viele Eltern fragen sich, ab wann Kinder in der Küche eigentlich mithelfen können. Von Ernährungs- und Gesundheitsexperten gibt es folgende Empfehlungen, welche Tätigkeiten in welchem Lebensalter von den Kleinen bewältigt werden können:

- *Ab dem 2. Lebensjahr: Sortieren von Lebensmitteln: „Was brauchen wir heute zum Kochen"? Ernten von Kräutern und Früchten.*
- *Ab dem 3. Lebensjahr: Früchte, Salat und sonstiges Gemüse waschen oder den Teig rühren*
- *Ab dem 4. Lebensjahr: weiche Lebensmittel schälen oder mit einem speziellen Kindermesser schneiden, zum Beispiel Bananen.*
  Auch Brot mit Butter oder Aufstrichen bestreichen ist problemlos möglich. Kinder in diesem Alter dürfen auch gerne schon beim Tisch eindecken und abräumen helfen.
- *Ab dem 5. Lebensjahr: Zutaten abwiegen oder beim Kuchenbacken aktiv mithelfen.*
  Auch vorsichtiges Umrühren in einem Topf ist im Allgemeinen in diesem Alter schon möglich.

Achtung – in der Küche lauern viele Gefahren!

Natürlich ist es wichtig, Kinder auch selbstständig arbeiten zu lassen, doch unbeaufsichtigt sollten die Kleinen dabei nie sein! Kindern sind die vielen Gefahren noch gar nicht wirklich bewusst und infolgedessen würden sie ohne Aufsicht viel zu leichtfertig mit einigen Dingen umgehen.
Auch wenn sich Kinder in der eigenen Küche schon sehr gut auskennen, ist der Umgang mit Schneidemaschinen, elektrischen Geräten oder scharfen Gegenständen wie zum Beispiel Messer sehr gefährlich.
Die Bundesarbeitsgemeinschaft „Mehr Sicherheit für Kinder e.V." hat einige wichtige Empfehlungen gegeben, die Mütter und Väter beim Kochen mit Kindern beachten sollten:

- *Wenn unter Zeitdruck gekocht werden muss, sollten Kinder am besten nicht miteinbezogen werden.*
- *In der Küche sollten ausreichend Sicherheitsartikel vorhanden sein, so zum Beispiel Schubladensperren, Abdeckungen für heiße Kochplatten oder Herd-Schutzgitter.*
- *Kochen Sie bevorzugt auf den hinteren Platten, denn dort können Kinder nicht so leicht hin fassen.*
- *Der Pfannenstiel sollte immer nach hinten gedreht werden, damit Kinder die Pfanne mitsamt kochend heißem Inhalt nicht herunterziehen können.*
- *Elektrogeräte sollten nie in der Nähe von Wasser liegen.*
- *Scharfe Messer müssen immer mit der Messerspitze nach unten in die Spülmaschine gelegt werden. Lassen Sie diese also nicht auf dem Küchentisch oder der Arbeitsplatte liegen. Schließen Sie auch die Spülmaschinentür.*

Sorgen Sie beim Nachwuchs für kleine Erfolgserlebnisse

Spaß und eine lustige gemeinsame Zeit – das sind die Dinge, die für Kinder am allerwichtigsten sind! Lassen Sie die kleinen Nachwuchsköche ruhig ein wenig experimentieren: Bunte Smoothies mixen, vor

dem Würzen der Gerichte mit verschlossenen Augen an den Gewürzgläschen riechen, aus Gemüse lustige Gesichter zaubern und vieles mehr.
Für Erwachsene kann das Kochen mit Kindern durchaus zur Geduldsprobe werden und man muss definitiv in Kauf nehmen, dass die Küche kurzzeitig zu einem Schlachtfeld wird. Versuchen Sie aber, ruhig zu bleiben und vor allem nicht zu schimpfen. Ein bekanntes Sprichwort bringt es im Grunde sehr treffend auf den Punkt: „Wo gehobelt wird, da fallen auch Späne." So ist es nun mal auch beim Backen und Kochen mit Kindern. Gelassenheit ist hier ein zentrales Stichwort, denn ständiges Tadeln nimmt den Kleinen definitiv die Freude.

Ebenso kann es auch mal sein, dass das Kochergebnis nicht wie erhofft oder erwünscht ausfällt. Ermuntern Sie Ihren kleinen Liebling, einfach mit Freude am Kochen, Backen und Experimentieren dranzubleiben, denn bekanntlich ist noch kein (Küchen-)Meister vom Himmel gefallen.

Unterstützen Sie Ihr Kind, indem Sie mit leichten Rezepten starten und verzeihen Sie kleine Ausrutscher, zu schnelles Umrühren oder sonstige Kleckereien. Versprochen, das wird mit ein wenig Übung immer besser werden! Die One Pot Küche und dieses Buch bieten Ihnen dafür viele tolle Möglichkeiten!

Naschen erlaubt?

Aber unbedingt! Wir Erwachsenen schmecken die Gerichte, die wir kochen, schließlich auch ab. Kinder sind neugierig und wollen probieren. Sie möchten entdecken und erspüren und das ist eine sehr wertvolle Komponente beim gemeinsamen Kochen mit Kindern. So haben die Kleinen die Gelegenheit genau zu erfühlen, wie sich Geschmäcker, aber auch Konsistenzen im Laufe des Kochvorgangs verändern.
Wenn es um Naschen und Probieren geht, sollten es aber nie rohe Lebensmittel sein, wie etwa Eier oder Fleisch. Auch bei heißen Speisen ist Vorsicht geboten, so etwa bei Soßen! Natürlich dürfen die gültigen Hygieneregeln auch beim Naschen nicht aus dem Blick verloren werden: Ein abgeschleckter Löffel landet nicht mehr zurück im Topf!

Gemeinsam in der Familie,
die One Pot Küche genießen

Essen ist keine reine Nahrungsmittelaufnahme, sondern erfolgt mit allen Sinnen: Essen ist auch Riechen, Sehen, Schmecken und vor allem Genießen! Aus diesem Grund ist es sehr wichtig, eine positive Essenskultur zu schaffen:

- *Nehmen Sie sich ausreichend Zeit zum Essen. Setzen Sie sich mit Ihrer Familie gemütlich an den schön gedeckten Tisch. Essen Sie nicht nebenbei oder im Stehen, sondern gönnen Sie sich gemeinsame Momente und gute Gespräche am Essentisch.*
- *Auf diese Weise merken Sie auch rechtzeitig, wenn Sie satt sind.*
- *Eine schön gedeckte Tafel steigert auch den Genuss. Verwenden Sie daher hübsches Geschirr und sorgen Sie für eine angenehme Beleuchtung und ausreichend Platz am Tisch.*
- *Füllen Sie die Teller nicht am Herd, sondern verwenden Sie Servierplatten und schöne Schüsseln. Das ist auch optisch deutlich ansprechender.*
- *Führen Sie eine Probierpflicht ein. Einseitigkeit ist kein sinnvoller Bestandteil einer Kinderernährung, daher sollten Kinder immer wieder neue Lebensmittel ausprobieren, vor allem auch jene, die sie noch nicht kennen.*
- *Auf diese Weise entdecken die Kleinen die große Vielfalt und entwickeln zunehmend einen Geschmack für gute und abwechslungsreiche Ernährung.*

- *Vergessen Sie nicht, dass Eltern ein Vorbild für Ihre Kinder sind. Leben Sie Ihren Kindern also bewusst eine gesunde und vollwertige Ernährungsweise vor.*
- *Erklären Sie den Esstisch zur medienfreien Zone: Zeitungen, Zeitschriften, Smartphones oder Kopfhörer haben an der gemeinsamen Tafel nichts verloren. Diese Zeit sollte dem bewussten Genuss und der gemeinsamen Familienzeit gewidmet werden.*
- *Ebenfalls eine Grundvoraussetzung für eine angenehme Essensrunde sind eine saubere Kleidung und gewaschene Hände. Zudem sollten Tischmanieren eingehalten werden, das heißt: Nicht schmatzen, nicht mit vollem Mund reden und auch nicht schlürfen.*
- *Der Teller muss nicht komplett leer gegessen werden. Jedes Familienmitglied sollte so viel essen dürfen wie es ihm wohlbekommt.*
- *Auch nach dem Essen sollten alle Familienmitglieder zusammenhelfen: Es ist nicht nur die Aufgabe der Mama, den Tisch zu decken und wieder abzuräumen. Hier können auch die Kinder und der Papa ordentlich mitanpacken.*

FRÜHSTÜCK

der perfekte Start in den Tag

Süßer Start mit
Vanille-Milchreis

Zutaten

2 EL Rohrzucker
½ Vanilleschote
1 Prise Meersalz
200 g Milchreis
750 ml frische Bio-Milch (3,5 % Fett)
2 TL Ceylon-Zimt
3 EL Rohrzucker zum Bestreuen

4 Portionen
5min Vorbereitungszeit
leicht Schwierigkeitsgrad
vegetarisch Ernährungsform

Zubereitung:

1. *Dieses süße Frühstück ist bei Groß und Klein beliebt. Sie können hier die Süße ganz individuell und nach Ihren Vorlieben bestimmen.*
2. *Beginnen Sie zuerst damit die Vanilleschote aufzuschneiden und das Mark herauszuholen. Geben Sie die Milch zusammen mit dem Vanillemark und der Schote in einen Topf. Den Reis und die Prise Salz hinzugeben und alles aufkochen lassen.*
3. *Lassen Sie den Milchreis nun zugedeckt bei niedriger Temperatur für 20-25 Minuten gar werden. Rühren Sie während der Garzeit immer wieder um, damit auch nichts anbrennt.*
4. *Nehmen Sie nach der Kochzeit den Milchreis vom Herd. Die Vanilleschote können Sie nun entfernen und 2 EL Zucker untermischen.*
5. *Vermengen Sie nun in einer kleinen Schüssel den Zimt mit den 3 EL Rohrzucker.*
6. *Füllen Sie den Milchreis in Schälchen und bestreuen ihn mit der Zimt-Zucker-Mischung.*

Tipp: Falls Sie Ihrem kleinen Liebling etwas Abwechslung bieten möchten, können Sie hier ganz nach Saison auch frisches Obst wie zum Beispiel Heidelbeeren, Erdbeeren oder auch Pflaumen über den Milchreis geben. Lassen Sie hier Ihren kleinen Schatz auch gerne die Früchte aussuchen und auf den Milchreis geben.

Fruchtiger FRÜHSTÜCKSAUFLAUF

ZUTATEN

50 g Pistazienkerne
150 g zarte Haferflocken
100 g Heidelbeeren
100 g Himbeeren
2 EL geschrotete Leinsamen
50 g Quinoa
1 TL Vanilleextrakt (alternativ ¼ TL gemahlene Vanille)
350 ml ungesüßter Mandeldrink
100 g Granola (siehe Frühstücks-Rezept One-Sheet Ofen-Granola)
50 g Mandelkerne
2 TL Ceylon-Zimt
1 Apfel
3 EL Ahornsirup + 1 EL zum Beträufeln
1 Bio-Banane

4 Portionen

20 min Vorbereitungszeit

leicht Schwierigkeitsgrad

vegan Ernährungsform

ZUBEREITUNG:

1. *Bei diesem Auflauf können Sie Ihren kleinen Liebling wunderbar in das Kochen einbeziehen.*
2. *Heizen Sie in einem ersten Schritt den Backofen auf 180 Grad (Ober-/Unterhitze) vor.*
3. *Nehmen Sie nun eine Rührschüssel und lassen Ihr Kind nach und nach die Haferflocken, den Vanilleextrakt und die Leinsamen in die Schüssel geben. Alles kräftig miteinander verrühren.*
4. *Den Mandeldrink als nächstes über das entstandene Porridge geben und alles für 6 Minuten ruhen las-sen.*
5. *In der Zwischenzeit können Sie sich mit Ihrem kleinen Schatz den weiteren Zutaten widmen. Die Mandeln müssen als erstes grob gehackt werden. Den Apfel waschen, in Viertel schneiden und das Kerngehäuse entfernen. Anschließend müssen Sie den Apfel in kleine Würfel schneiden. Die Banane als nächstes schälen und in Scheiben schneiden.*
6. *Geben Sie nun über das Porridge noch den Ahornsirup und 2 TL Zimt. Granola und Mandeln hinzugeben und alles kräftig vermischen.*
7. *Füllen Sie das Porridge nun in eine ofenfeste Auflaufform. Die Quinoa noch als Garnitur darüber streuen und alles im Ofen für 25 Minuten backen.*
8. *In der Zwischenzeit können Sie sich den frischen Beeren widmen. Diese waschen und kurz abtropfen las-sen.*
9. *Die Pistazien grob hacken und sobald der Auflauf aus dem Ofen kommt darüber streuen. Den restlichen Ahornsirup zusammen mit den Beeren auf dem Auflauf verteilen und sofort genießen.*

TIPP: Falls Sie Ihrem kleinen Liebling etwas Abwechslung bieten möchten, können Sie hier ganz nach Saison auch frisches Obst wie zum Beispiel Heidelbeeren, Erdbeeren oder auch Pflaumen über den Milchreis geben. Lassen Sie hier Ihren kleinen Schatz auch gerne die Früchte aussuchen und auf den Milchreis geben.

One-Sheet Ofen-Granola

Zutaten

50 g gepuffter Weizen
100 g kernige Haferflocken
1 TL Ceylon-Zimt
50 g gepuffter Quinoa
50 g Sonnenblumenkerne
4 EL Ahornsirup
50 g Kokosraspeln
2 EL geschmolzenes Kokosöl

4 *Portionen*

5 min *Vorbereitungszeit*

leicht *Schwierigkeitsgrad*

ballaststoffreich *Ernährungsform*

Zubereitung:

1. *Heizen Sie zuerst den Backofen auf 180 Grad (Ober-/Unterhitze) vor.*
2. *Vermengen Sie in einer Schüssel die Sonnenblumenkerne, mit den Haferflocken, dem Weizen, den Kokosraspeln und der Quinoa. Legen Sie alles auf ein mit Backpapier ausgelegtes Backblech.*
3. *In einer kleinen Schüssel nun das Kokosöl mit dem Ahornsirup und dem Zimt vermengen. Geben Sie diese Mischung nun über das Müsli (Granola).*
4. *Das Granola (Müsli) im Ofen für 12 Minuten backen. Anschließend können Sie es herausnehmen, erkalten lassen und luftdicht verschlossen aufbewahren.*

Tipp: Sie können dieses leckere Müsli noch mit Früchten und Joghurt verfeinern. Geben Sie ruhig auch noch ein paar Nüsse hinzu. So haben Sie und Ihre Kleinen immer wieder etwas Abwechslung. Bereiten Sie das Müsli ruhig noch in größeren Mengen zu und bewahren es kühl und trocken auf.

Cremiges
Karibik-Porridge

Zutaten

1 EL Ahornsirup
1 Mango
200 ml Kokosmilch
400 ml frische Bio-Milch (1,5 % Fett)
140 g zarte Haferflocken
3 EL Kokosraspeln
4 EL Naturjoghurt

2-4 Portionen
5 min Vorbereitungszeit
leicht Schwierigkeitsgrad
vegetarisch Ernährungsform

Zubereitung:

1. *Schälen Sie zuerst die Mango und schneiden Sie das Fruchtfleisch vom Kern herunter. Anschließend die Fruchtfleischstücke würfeln.*
2. *Lassen Sie Ihr Kind bei der Zubereitung ruhig mithelfen. Der kleine Liebling kann die Haferflocken, die Kokosmilch und die Bio-Milch in einen Topf geben.*
3. *Lassen Sie nun alles aufkochen. Rühren Sie die Mango noch hinzu und lassen das Porridge für 5 Minuten bei geringer Hitzezufuhr quellen.*
4. *Zum Schluss können Sie den Joghurt und den Ahornsirup für die besonders cremige Note unter das Porridge mischen.*
5. *Füllen Sie das Porridge in Schälchen. Ihr Kind darf nun noch Kokosraspeln über das Porridge streuen.*
6. *Genießen Sie Ihr warmes Porridge am besten sofort.*

Tipp: Versuchen Sie Ihr Kind immer wieder in das Kochen einzubeziehen. Das tut Ihnen und auch Ihrem kleinen Liebling gut. Sie können beispielsweise Aufgaben wie Obst waschen oder etwas in einer Schüssel verrühren Ihren kleinen Schatz erledigen lassen. Je nachdem wie groß Ihr Kind ist, kann es natürlich auch noch mehr Aufgaben übernehmen. Dieses Porridge lässt sich auch wunderbar mit frischen Heidelbeeren oder Brombeeren zubereiten. Probieren Sie hier gerne neue Kreationen aus.

Schnelles
ENTDECKER-FRÜHSTÜCK

ZUTATEN

600 ml frische Bio-Milch (3,5 % Fett)
100 g Himbeeren
100 g Erdbeeren (alternativ Heidelbeeren)
140 g zarte Haferflocken
2 EL Ahornsirup
Etwas Ceylon-Zimt zum Bestäuben
1 Päckchen Vanillepuddingpulver (alternativ selbstgemachter Vanillepudding siehe Desserts)

4 *Portionen*

10 min *Vorbereitungszeit*

leicht *Schwierigkeitsgrad*

fruchtig *Geschmack*

ZUBEREITUNG:

1. *Dieses Frühstück ist der perfekte Start in den Tag. Kleine und große Entdecker lieben dieses fruchtige Vanille-Frühstück.*
2. *Beginnen Sie zuerst damit, die Beeren zu waschen. Sie können dies auch gerne Ihr Kind übernehmen lassen, falls es Ihnen helfen möchte.*
3. *Die Haferflocken nun zusammen mit der Milch in einem Topf zum Kochen bringen. Rühren Sie das Puddingpulver und den Ahornsirup unter und lassen alles 5 Minuten köcheln.*
4. *Nehmen Sie das Porridge und richten es in Schälchen an. Die frischen Beeren und etwas Zimt als Garnitur darüber verteilen und genießen.*

TIPP: Falls Sie den Vanillepudding selbst machen möchten, dann können Sie dies tun. Verwenden Sie hierfür das Rezept bei den Desserts. Rühren Sie dann einfach die Haferflocken, den Zimt und den Ahornsirup in den Pudding ein. Frische Früchte darüber garnieren und genießen.

Dschungelbuch-Frühstück
„King Louie"

Zutaten

1 TL Ceylon-Zimt
2 Bio-Bananen
1 EL Ahornsirup
50 g gehackte Mandeln
1 TL gemahlene Vanille
1 TL Kokosöl
140 g zarte Haferflocken
600 ml frische Bio-Milch (3,5 % Fett)

3-4 Portionen

10 min Vorbereitungszeit

leicht Schwierigkeitsgrad

vegetarisch Ernährungsform

Zubereitung:

1. *Schälen Sie zuerst eine Banane und schneiden sie anschließend klein. Binden Sie hier Ihren kleinen Liebling auch gerne in die Vorbereitung an. Die Banane schälen und klein schneiden ist eine wunderbare Aufgabe für die Kleinen.*
2. *Rösten Sie nun in einer Pfanne kurz die Mandeln, ohne eine Fettzugabe.*
3. *Erhitzen Sie das Kokosöl in einem Topf. Geben Sie nun die Bananenscheiben hinein und braten sie kurz 2 Minuten an. Anschließend herausnehmen und kurz zur Seite stellen.*
4. *Nehmen Sie sich als nächstes einen Topf und geben dort die Milch, die gemahlene Vanille, die Banane, die Haferflocken und den Ahornsirup hinein. Bringen Sie alles zum Kochen. Lassen Sie das Porridge nun für 5 Minuten bei niedriger Temperatur köcheln.*
5. *Nun ist Ihr kleiner Dschungelkönig wieder an der Reihe. Füllen Sie das Porridge in Schälchen. Lassen Sie Ihr Kind nun die Mandeln und das Zimt darüber streuen. Guten Appetit!*

Tipp: Anstatt der Bananen schmecken hier auch wunderbar frische Pflaumen. Gerade in der Herbstzeit lieben Kinder Pflaumen. Mit Zimt bekommen sie nochmals mehr eine herbstliche oder weihnachtliche Note. Probieren Sie hier auch gerne saisonale Varianten aus.

Beliebtes

FRÜHSTÜCKS-TOAST FÜR GROß UND KLEIN

ZUTATEN

2 EL Kokosöl
8 Scheiben Vollkorntoast
2 frische Bio-Eier, Größe M
½ TL gemahlene Vanille
125 ml frische Bio-Milch (3,5 % Fett)
1 TL Ceylon-Zimt

4 Portionen

10 min Vorbereitungszeit

leicht Schwierigkeitsgrad

vegetarisch Ernährungsform

ZUBEREITUNG:

1. *Für dieses leckere Toast müssen Sie zuerst die Milch mit den Eiern verquirlen. Geben Sie den Zimt und die Vanille hinzu und verrühren alles miteinander.*
2. *Ziehen Sie nun die Toastscheiben durch die Ei-Milch-Mischung.*
3. *Erhitzen Sie in einer Pfanne 1 EL Kokosöl und legen 4 Toastscheiben hinein. Braten Sie diese nun von beiden Seiten je 4 Minuten an. Für die übrigen Toastscheiben nun das restliche Kokosöl in die Pfanne geben und die restlichen Brote anbraten.*
4. *Richten Sie nun alles auf einem Teller an und genießen Sie das Frühstück mit den Kindern.*

Leckeres

Piraten-Omelette mal anders

Zutaten

1 großer, verschließbarer Gefrierbeutel
Meersalz, frisch gemahlener Pfeffer
1 rote Paprika
1 weiße Küchenzwiebel
6 Kirschtomaten
8 frische Bio-Eier, Größe M
75 g Frühstücksspeck, gewürfelt
50 g geriebener Mozzarella
1 EL gehackte Kräuter (Schnittlauch, Petersilie)
50 g geriebener Parmesan

4 Portionen

10 min Vorbereitungszeit

leicht Schwierigkeitsgrad

aus dem Gefrierbeutel

Zubereitung:

1. *Das Omelette ist super einfach zubereitet und schmeckt der ganzen Familie.*
2. *Bringen Sie in einem Topf Wasser zum Kochen.*
3. *Waschen Sie die Tomaten und die Paprika. Lassen Sie Ihr Kind ruhig diese Aufgabe übernehmen, wenn es möchte.*
4. *Die Zwiebel schälen und in Würfel schneiden. Die Tomaten einmal halbieren und kurz zur Seite stellen. Entfernen Sie von der Paprika den Deckel, holen Sie die Trennhäute und Kerne heraus und schneiden sie ebenfalls in Würfel.*
5. *Schlagen Sie die Eier kurz in eine Schüssel und füllen sie anschließend in den Gefrierbeutel. Einmal kurz durchschwenken. Geben Sie nun die Tomaten, die Paprika, die Zwiebel, die Kräuter, den Mozzarella, den Parmesan, den Speck und Pfeffer und Salz ebenfalls in den Gefrierbeutel. Verschließen Sie diesen und drücken die Luft heraus. Versuchen Sie die Zutaten nun von außen etwas zu vermengen.*
6. *Geben Sie den Beutel nun in das kochende Wasser und lassen ihn 18 Minuten köcheln. Schwenken Sie das Omelett zwischendurch.*
7. *Nach der Kochzeit können Sie das Omelette auf Tellern verteilen und servieren.*

Tipp: Falls Ihrem Kind die Paprika nicht schmeckt, können Sie diese auch durch andere Gemüsesorten wie Zucchini, Brokkoli oder auch im Herbst Kürbis ersetzen.

Do-it-yourself
Heidelbeer-Konfitüre

Zutaten

1 EL Ahornsirup
250 g Heidelbeeren
1 EL Wasser
1 TL Zitronensaft
2 EL Chiasamen

1 Glas
Portionen

10 min
Vorbereitungszeit

leicht
Schwierigkeitsgrad

vegan
Ernährungsform

Zubereitung:

1. *Waschen Sie mit Ihrem Kind die Heidelbeeren. Geben Sie die Früchte anschließend in einen Topf. Den Ahornsirup hinzugeben und alles aufkochen lassen.*
2. *Rühren Sie nun die Chiasamen zusammen mit dem Wasser und dem Zitronensaft unter die Marmelade und lassen alles 15 Minuten zugedeckt köcheln. Regulieren Sie hierfür die Temperatur herunter.*
3. *Füllen Sie die frische Marmelade in ein abgekochtes Einmachglas und bewahren sie kühl und trocken auf.*

Tipp: Diese Marmelade ist nicht nur superlecker, sondern auch gesund und vielseitig einsetzbar. Sie können hier verschiedene Früchte wie zum Beispiel Pflaumen, Aprikosen, Erdbeeren oder auch Himbeeren verwenden. Probieren Sie zusammen mit den Kleinen und Ihrer ganzen Familie aus, was Ihnen schmeckt. Die Marmelade ist auch ein großartiges Geschenk für die Großeltern zum Verschenken.

Selbstgemachter
Nuss-Schokoladen-Aufstrich

Zutaten

1 TL gemahlene Vanille
100 ml frische Bio-Milch (1,5 % Fett)
250 g gemahlene Haselnüsse
2 EL Kakaopulver
2 EL Ahornsirup

1 Glas
Portionen

5 min
Vorbereitungs-zeit

leicht
Schwierigkeits-grad

vegetarisch
Ernährungs-form

Zubereitung:

1. *Geben Sie zuerst die Milch in einen Topf. Die Vanille und das Kakaopulver unterrühren und alles aufkochen lassen. Achten Sie darauf, dass Sie stetig umrühren, damit nichts anbrennt.*
2. *Als nächstes können Sie die Haselnüsse und den Ahornsirup unterrühren. Lassen Sie nochmals alles aufkochen.*
3. *Geben Sie den frischen Aufstrich in ein verschließbares Einmachglas und bewahren es kühl und trocken auf. Dieser Aufstrich ist schnell gemacht und Ihre ganze Familie wird ihn lieben.*

Power-Frühstück
Mit Frucht-Allerlei

Zutaten

2 EL Rosinen
1 Birne
1 EL Kokosöl
1 Apfel
1 EL Zimt
500 ml frische Bio-Milch (3,5 % Fett)
100 g zarte Haferflocken
1 EL Ahornsirup
50 g gehackte Mandeln
2 EL Naturjoghurt

4 *Portionen*

10 min *Vorbereitungszeit*

leicht *Schwierigkeitsgrad*

ballaststoffreich *Ernährungsform*

Zubereitung:

1. *Dieses Müsli ist ein absoluter Familien-Klassiker. Falls Sie das Müsli mit Ihren Kindern vorbereiten möchten, ist das ideal. Sie können die kleinen perfekt einbeziehen.*
2. *Waschen Sie zuerst die Birne und den Apfel. Das können Sie auch gerne die Kleinen übernehmen lassen. Anschließend beides in Viertel schneiden, die Kerngehäuse entfernen und klein schneiden.*
3. *Erhitzen Sie in einem Topf das Kokosöl und geben die Birnen- und Apfelstücke hinein. Den Zimt darüber streuen und alles für 5 Minuten anbraten.*
4. *Rühren Sie nach und nach die Haferflocken, den Ahornsirup und die Milch zu dem Obst hinzu und lassen alles 10 Minuten bei moderater Hitzezufuhr köcheln.*
5. *Zum Schluss können Sie oder Ihr Kind noch den Naturjoghurt unter das Müsli mischen.*
6. *Verteilen Sie alles auf Müslischalen. Die Mandeln und Rosinen als Highlights auf dem Müsli verteilen und servieren.*

Tipp: Falls Sie gerade keine gehackten Mandeln haben, können Sie auch Pistazien oder andere Nüsse verwenden.

Naschkatzen

Pizza

Zutaten

160 g zarte Haferflocken
2 reife Bio-Bananen
1 EL Ahornsirup + 1 TL Ahornsirup
4 EL griechischer Joghurt
½ TL gemahlene Vanille
1 Prise Ceylon-Zimt
50 g Pfirsich oder Aprikosen
50 g Heidelbeeren
50 g Pflaumen

Zubereitung:

1. *Diese süße Pizza ist perfekt, um reifes Obst zu verbrauchen.*
2. *Heizen Sie zuerst den Backofen auf 200 Grad (Ober-/Unterhitze) vor.*
3. *Lassen Sie Ihr Kind bei der Pizza gerne mithelfen. Zuerst die Banane schälen und mit einer Gabel zerdrücken. In einer Schüssel nun die Banane zusammen mit den Haferflocken und 1 EL Ahornsirup vermengen. Streichen Sie die Masse nun auf ein mit Backpapier ausgelegtes Backblech und backen den Boden im Ofen für 15-20 Minuten.*
4. *In der Zwischenzeit können Sie sich mit Ihrem kleinen Liebling dem übrigen Obst widmen. Waschen sie die Früchte. Die Pflaumen und Pfirsiche halbieren, den Kern entfernen und in Scheiben schneiden.*
5. *Vermengen Sie in einer Schüssel die Vanille mit 1 TL Ahornsirup und dem Zimt.*
6. *Nehmen Sie die fertige Pizza aus dem Ofen und lassen sie etwas abkühlen. Den Joghurt und die Vanille-Zimt-Masse darüberstreichen. Lassen Sie nun Ihren kleinen Schatz die Pizza nach Belieben mit dem Obst belegen. Genießen Sie die frische Pizza mit Ihrer Familie.*

Tipp: Sie können die Pizza je nach Saison und auch Vorlieben belegen. Im Sommer eigenen sich wunderbar auch Erdbeeren, Heidelbeeren oder Mangos. Im Herbst sind Pflaumen, Brombeeren, Johannisbeeren oder auch Äpfel ein toller Belag. Für das optimale Topping können Sie auch noch ein paar Nüsse oder Kokosraspeln auf die Pizza streuen.

Selbstgemachtes

KNUSPER-BROT

ZUTATEN

1 EL Olivenöl
½ TL Meersalz
60 g Dinkelvollkornmehl
50 g Kürbiskerne
50 g Sonnenblumenkerne
60 g kernige Haferflocken

4 Portionen

5 min Vorbereitungszeit

leicht Schwierigkeitsgrad

zuckerfrei Ernährungsform

ZUBEREITUNG:

1. *Stellen Sie sich zuerst alle Zutaten zusammen. Sie benötigen zudem noch 150 ml Wasser.*
2. *Heizen Sie den Backofen auf 180 Grad (Ober-/Unterhitze) vor.*
3. *Geben Sie nach und nach die Sonnenblumen- und Kürbiskerne, das Olivenöl, das Salz, die Haferflocken und das Mehl in eine Rührschüssel. Verkneten Sie alles zu einem Teig.*
4. *Legen Sie den Teig nun auf ein mit Backpapier ausgelegtes Backblech. Achten Sie darauf, dass sie ihn dünn verteilen.*
5. *Backen Sie das Brot nun 10 Minuten im Ofen. Nehmen Sie das Brot anschließend heraus und schneiden es in kleine Knäckebrote. Geben Sie das Blech erneut in den Ofen und lassen das Brot weitere 30 Minuten backen. Nach der Backzeit können Sie die Knäckebrote herausnehmen, auskühlen lassen und genießen.*

TIPP: Bei diesem Rezept können Sie die Kinder miteinbeziehen und sie zum Beispiel den Teig kneten lassen. Das Knusper-Brot eignet sich besonders auch für ein Frühstück mit süßen Aufstrichen wie zum Beispiel der selbstgemachten Heidelbeer-Konfitüre oder dem Schokoladen-Aufstrich in diesem Buch.

Mandel-Quinoa Müslimischung

Zutaten

1 EL Kokosöl
50 g gehackte Mandeln
10 g gepuffte Quinoa
20 g getrocknete Aprikosen
20 g Kokoschips

10 Portionen
5 min Vorbereitungszeit
leicht Schwierigkeitsgrad
zuckerarm Ernährungsform

Zubereitung:

1. *Diese Müslimischung ist perfekt auf Vorrat.*
2. *Heizen Sie zuerst den Backofen auf 175 Grad (Ober-/Unterhitze) vor.*
3. *Schneiden Sie die getrockneten Aprikosen in kleine Stücke. Vermengen Sie nun die Kokoschips mit der Quinoa, den Mandeln, dem Kokosöl und den Aprikosen.*
4. *Legen Sie diese Müsli-Mischung nun auf ein mit Backpapier belegtes Backblech.*
5. *Im Ofen nun 4 Minuten backen. Kurz wenden und noch weitere 4 Minuten backen.*
6. *Die Müslimischung herausnehmen, etwas abkühlen lassen und luftdicht verschlossen aufbewahren.*

Tipp: Bei diesem Rezept können Sie die Kinder miteinbeziehen und sie zum Beispiel den Teig kneten lassen. Das Knusper-Brot eignet sich besonders auch für ein Frühstück mit süßen Aufstrichen wie zum Beispiel der selbstgemachten Heidelbeer-Konfitüre oder dem Schokoladen-Aufstrich in diesem Buch.

Sommerliches

Hirse-Porridge

Zutaten

4 EL gepuffte Quinoa
600 ml Kokosmilch
4 EL Kokosraspeln
2 Msp. gemahlene Vanille
400 g Erdbeeren
200 g Hirseflocken

4
Portionen

5 min
Vorbereitungs-zeit

leicht
Schwierigkeits-grad

vegan
Ernährungs-form

Zubereitung:

1. *Erhitzen Sie zuerst die Kokosmilch in einem Topf. Geben Sie nun die Hirseflocken und die Vanille hinein und lassen alles 5 Minuten köcheln.*
2. *Waschen Sie die Erdbeeren und halbieren sie.*
3. *Verteilen Sie das Porridge nun auf Schälchen. Geben Sie die Erdbeeren darüber und garnieren das frische Porridge mit den Kokosraspeln und dem Quinoa.*

Tipp: Sie können anstelle der Erdbeeren auch frische Himbeeren oder Früchte Ihrer Wahl verwenden. Lassen Sie auch Ihren kleinen Schatz entscheiden. Für Kinder ist es immer schön, wenn Sie merken, dass sie auch etwas mithelfen dürfen.

Hauptgerichte

Ideale Stärkung für Groß und Klein

Familien-Lieblinge

Kartoffel-Pfanne

„Familienliebling"

Zutaten

4 frische Bio-Eier, Größe M
1 kg festkochende, gegarte Kartoffeln
Meersalz, frisch gemahlener Pfeffer
350 g Kirschtomaten
3 EL Olivenöl
4 Frühlingszwiebeln
200 g Chorizo
Etwas Koriandersamen

4 Portionen

15 min Vorbereitungszeit

leicht Schwierigkeitsgrad

beliebt Geschmack

Zubereitung:

1. *Schälen Sie zuerst die gegarten Kartoffeln und schneiden sie klein. Die Tomaten waschen und anschließend halbieren. Als nächstes die Frühlingszwiebeln waschen und in Ringe schneiden. Die Chorizo können Sie anschließend ebenfalls in Scheiben schneiden.*
2. *Heizen Sie den Backofen nun auf 200 Grad (Ober-/Unterhitze) vor.*
3. *Erhitzen Sie in einer ofenfesten Pfanne das Olivenöl und braten die Kartoffeln 10 Minuten lang goldbraun an. Würzen Sie ganz nach Ihrem Geschmack mit Pfeffer, Koriandersamen und Salz. Geben Sie die Chorizo hinzu und lassen sie für 3 Minuten mitbraten.*
4. *Die halbierten Tomaten und die Frühlingszwiebeln zur Pfanne hinzugeben und verrühren. Schlagen Sie die frischen Eier nun in die Pfanne.*
5. *Stellen Sie die Pfanne nun in den Ofen und lassen sie für 15-20 Minuten gar werden.*
6. *Kurz vor dem Servieren können Sie nochmals mit etwas Pfeffer und Salz würzen. Die Pfanne sofort servieren.*

Tipp: Bei diesem Rezept können Sie die Kinder miteinbeziehen und sie zum Beispiel den Teig kneten lassen. Das Knusper-Brot eignet sich besonders auch für ein Frühstück mit süßen Aufstrichen wie zum Beispiel der selbstgemachten Heidelbeer-Konfitüre oder dem Schokoladen-Aufstrich in diesem Buch.

Würstchen
Paprika-Pfanne

Zutaten

1 EL Ajvar
1 weiße Küchenzwiebel
1 gelbe Paprikaschote
1 rote Paprikaschote
1 EL Rapsöl
2 Wiener Würstchen
400 g stückige Tomaten (Dose)
160 g 10-Minuten-Naturreis
400 ml Gemüsebrühe
2 EL gehackte Petersilie (TK)
Meersalz, frisch gemahlener Pfeffer

3-4 *Portionen*
15 min *Vorbereitungszeit*
leicht *Schwierigkeitsgrad*
beliebt *Geschmack*

Zubereitung:

1. *Schälen Sie zuerst die Küchenzwiebel und schneiden sie in Würfel. Die Paprikaschoten waschen, die Deckel entfernen und die Trennhäute und Kerne herauslösen. Schneiden Sie die Paprikaschoten anschließend in Streifen. Die Wiener Würstchen als nächstes in Scheiben schneiden.*
2. *Erhitzen Sie in einer großen Pfanne das Rapsöl und dünsten die Zwiebel und Paprika darin 5 Minuten an. Geben Sie die Gemüsebrühe, die stückigen Tomaten, die Petersilie, den Reis und die Würstchen hinzu und lassen alles 15 Minuten köcheln.*
3. *Rühren Sie noch das Ajvar unter und würzen alles nach Belieben mit Pfeffer und Salz ab.*

Tipp: Bei diesem Rezept können Sie die Kinder miteinbeziehen und sie zum Beispiel den Teig kneten lassen. Das Knusper-Brot eignet sich besonders auch für ein Frühstück mit süßen Aufstrichen wie zum Beispiel der selbstgemachten Heidelbeer-Konfitüre oder dem Schokoladen-Aufstrich in diesem Buch.

Hüttenzauber

„Käsespätzle" für die Familie

Zutaten

100 g geriebener Emmentaler
1 weiße Küchenzwiebel
400 g Eierspätzle (Kühlregal)
2 EL Butter
2 EL gehackte Petersilie (TK)
Meersalz, Muskatnuss, frisch gemahlener Pfeffer

3-4
Portionen

5 min
Vorbereitungszeit

leicht
Schwierigkeitsgrad

beliebt
Geschmack

Zubereitung:

1. *Schälen und hacken Sie zuerst die Küchenzwiebel.*
2. *Erhitzen Sie in einer Pfanne die Butter und dünsten darin die Spätzle 5 Minuten an. Geben sie die Zwiebel und die Kräuter hinzu und vermengen alles gründlich miteinander. Lassen Sie alles für 2 Minuten andünsten. Würzen Sie ganz nach Ihrem Geschmack mit Pfeffer, Muskatnuss und Salz.*
3. *Heben Sie nun vorsichtig den geriebenen Emmentaler unter und lassen alles bei geringer Hitzezufuhr zugedeckt 3 Minuten schmelzen.*
4. *Richten Sie die Spätzle auf Tellern an und servieren Sie Ihre Käsespätzle. ab.*

Halloween-
Nudel-Topf

Zutaten

50 g geriebener Parmesan
1 weiße Küchenzwiebel
2 EL Butter
500 g Hokkaido-Kürbis
8 Salbeiblätter
200 ml frische Bio-Milch (1,5 % Fett)
200 ml Sahne
250 g Penne
400 ml Gemüsebrühe
Meersalz, frisch gemahlener Pfeffer

2-3
Portionen

15 min
Vorbereitungszeit

leicht
Schwierigkeitsgrad

vegetarisch
Ernährungsform

Zubereitung:

1. *Schälen Sie zuerst die Zwiebel und hacken sie klein. Beginnen Sie nun mit Ihrem Kind den Kürbis zu waschen, zu entkernen und das Fruchtfleisch in Würfel zu schneiden. Die Salbeiblätter waschen und klein schneiden.*
2. *Erhitzen Sie in einem Topf die Butter und braten den Salbei kurz darin an. Anschließend herausnehmen und zur Seite stellen.*
3. *Geben sie nun die Zwiebeln in den Topf und schwitzen diese mit dem Kürbis 3 Minuten an.*
4. *Die Gemüsebrühe zusammen mit der Sahne, der Milch und den Nudeln hinzugeben und alles 15 Minuten köcheln lassen.*
5. *Würzen Sie den Halloween-Topf mit Pfeffer und Salz. Geben Sie den Parmesan hinzu und garnieren alles mit den Salbeiblättern.*
6. *Guten Appetit!*

Feuriger

Farfalle-Topf

Zutaten

2 Handvoll Rucola
2 getrocknete Chilischoten
250 g Mozzarella
2 Schalotten
800 ml Gemüsebrühe
Meersalz, frisch gemahlener Pfeffer
2 Knoblauchzehen
400 g passierte Tomaten (Dose)
1 EL Olivenöl
4 Stängel frisches Basilikum
400 g Farfalle

4 Portionen

15 min Vorbereitungszeit

leicht Schwierigkeitsgrad

scharf Geschmack

Zubereitung:

1. *Beginnen Sie damit, die Chilischoten etwas zu zerbröseln. Die Knoblauchzehen und die Schalotten schälen und klein schneiden. Waschen Sie das Basilikum, zupfen die Blätter ab und schneiden sie klein.*
2. *Erhitzen Sie in einem Topf das Öl und dünsten darin die Schalotten und den Knoblauch kurz an. Geben Sie Chili, Tomaten, Nudeln, Brühe und 1 TL Salz hinzu. Lassen Sie alles für 15 Minuten köcheln.*
3. *In der Zwischenzeit können Sie sich dem Mozzarella widmen. Lassen Sie diesen abtropfen und schneiden ihn anschließend in Würfel. Den Rucola waschen und ebenfalls klein schneiden.*
4. *Geben Sie zum Schluss den Mozzarella, das Basilikum und den Rucola in den Topf. Verrühren Sie alles gründlich miteinander und servieren Sie den feurigen Nudel-Topf sofort.*

Tipp: Falls Ihr Kind keine Schärfe mag, können Sie entweder nur 1 Chilischote verwenden oder Sie geben 1 gewürfelte Paprika hinzu.

Orientalischer

Bulgur-Topf

Zutaten

50 g Schafskäse
450 ml Gemüsebrühe
2 Strauchtomaten
2 EL Rapsöl
160 g Bulgur
½ Salatgurke
1 rote Zwiebel
1 gelbe Paprikaschote
2 EL gehackte Petersilie (TK)
2 EL Ajvar
1 EL Zitronensaft
Meersalz, frisch gemahlener Pfeffer
4 EL Tomatenmark

2-3 Portionen
10 min Vorbereitungszeit
leicht Schwierigkeitsgrad
vegetarisch Ernährungsform

Zubereitung:

1. *Erhitzen Sie die Gemüsebrühe in einem Topf. Geben Sie den Bulgur hinzu und lassen alles 10 Minuten bei geringer Hitzezufuhr quellen. Rühren Sie zwischendurch immer wieder um, damit der Bulgur nicht anbrennt.*
2. *In der Zwischenzeit können Sie mit Ihrem Kind das Gemüse waschen. Schneiden Sie die Tomaten anschließend klein. Die Gurke in Würfel schneiden und von der Paprika den Deckel entfernen. Trennen Sie die Kerne und die Trennhäute aus der Paprikaschote heraus und schneiden sie anschließend klein.*
3. *Schälen Sie die Zwiebel und schneiden sie in Würfel.*
4. *Geben Sie das Gemüse nun zu dem Bulgur hinzu. Das Rapsöl, den Zitronensaft, das Ajvar, das Tomatenmark und die Petersilie ebenfalls unter den Bulgur rühren.*
5. *Schmecken Sie den Bulgur nach Ihren Vorlieben mit Pfeffer und Salz ab. Zerbröseln Sie den Schafskäse etwas und geben ihn als Garnitur über den Bulgur.*
6. *Guten Appetit!*

Tipp: Sie können anstatt der Paprika auch Kürbis oder Zucchini verwenden. Probieren Sie auch hier aus was Ihnen und Ihrer Familie schmeckt.

Westfälische

Pfannen-Kartoffeln

Zutaten

1 TL gehackte Petersilie
800 g festkochende Kartoffeln
1 weiße Küchenzwiebel
Meersalz, frisch gemahlener Pfeffer
2 EL Rapsöl

3-4 Portionen

15 min Vorbereitungszeit

leicht Schwierigkeitsgrad

beliebt Geschmack

Zubereitung:

1. *Schälen Sie zuerst die Kartoffeln und schneiden sie anschließend in Würfel. Waschen Sie unter fließendem Wasser die Kartoffeln gründlich ab, damit die Stärke herausgespült wird. Kurz trocken tupfen und zur Seite stellen.*
2. *Erhitzen Sie das Rapsöl in einer großen Pfanne und braten die Kartoffeln zugedeckt 15 Minuten lang an. Zwischendurch können Sie die Kartoffeln wenden, damit diese nicht anbrennen.*
3. *Schälen Sie die Zwiebel und schneiden sie in Würfel. Geben Sie die Küchenzwiebel zu den Kartoffeln und lassen alles nochmals aufgedeckt 5 Minuten anbraten. Die Petersilie hinzugeben und alles mit Pfeffer und Salz abschmecken.*
4. *Die Pfannen-Kartoffeln auf Tellern anrichten und servieren.*

Tipp: Falls jemand ein bisschen Fleisch möchte, passt hierzu auch wunderbar etwas Bacon.

Blumenkohl

Möhren-Eintopf

Zutaten

½ TL getrockneter Majoran
1 weiße Küchenzwiebel
Meersalz, frisch gemahlener Pfeffer
1 Knoblauchzehe
1 Möhre
1 Pastinake
150 g magerer Räucherspeck
500 g festkochende Kartoffeln
2 EL Rapsöl
2 Stangen Staudensellerie
500 g Blumenkohl
1 EL gehackte Petersilie
1 l Wasser

4-6 Portionen | 15 min Vorbereitungszeit | leicht Schwierigkeitsgrad | nährstoffreich Ernährungsform

Zubereitung:

1. *Als Erstes können Sie damit beginnen, die Knoblauchzehe und die Zwiebel zu schälen und in Würfel zu schneiden. Die Pastinake, die Möhre und die Kartoffeln ebenfalls schälen und in Würfel schneiden. Waschen Sie den Staudensellerie und schneiden ihn klein. Den Blumenkohl waschen und in Röschen schneiden.*
2. *Erhitzen Sie das Öl in einem Topf und dünsten darin den Knoblauch und die Zwiebel an. Geben Sie nach und nach den Blumenkohl, die Pastinake, den Sellerie und die Möhre hinzu und lassen alles anschwitzen. Löschen Sie nun alles mit 1 l Wasser ab. Die Kartoffeln und den Speck hinzugeben und alles für 20 Minuten bei mittlerer Hitzezufuhr köcheln lassen.*
3. *Nehmen Sie den Speck nach der Kochzeit heraus und schneiden ihn in Würfel. Geben Sie den Speck zum Eintopf zurück und würzen mit Majoran, Pfeffer und Salz nach Ihrem Geschmack.*
4. *Richten Sie den Eintopf auf Tellern an und streuen noch 1 EL gehackte Petersilie darüber. Guten Appetit!*

Tipp: Falls Sie eine vegetarische Variante bevorzugen, können Sie den Speck durch noch 1 Möhre, 1 Pastinake und etwas mehr Kartoffeln ersetzen. Im Herbst schmeckt hier auch wunderbar Kürbis.

Kichererbsen-Pilaw

Zutaten

Etwas Zitronensaft
1 rote Paprikaschote
1 gelbe Paprikaschote
1 Handvoll Petersilie
1 weiße Küchenzwiebel
150 g Schafskäse
1 Knoblauchzehe
250 g Kichererbsen (Dose)
2 EL Butter
250 g Langkornreis
Meersalz, frisch gemahlener Pfeffer
500 ml Gemüsebrühe

Zubereitung:

1. *Waschen Sie zuerst die Paprikaschoten. Den Deckel entfernen, das Kerngehäuse und die Trennhäute herauslösen und in Würfel schneiden. Die Zwiebel und den Knoblauch schälen und fein hacken.*
2. *Zerlassen Sie als nächstes die Butter in einem Topf. Schwitzen Sie die Zwiebel glasig an und geben den Knoblauch und die Paprikaschoten hinzu. Mischen Sie noch den Reis unter und würzen alles nach Ihrem Geschmack mit Pfeffer und Salz. Gießen Sie die Brühe noch hinzu und lassen alles für 15 Minuten bei mittlerer Hitzezufuhr köcheln.*
3. *In der Zwischenzeit können Sie sich den Kichererbsen widmen. Diese abgießen, abspülen und kurz abtropfen lassen.*
4. *Rühren Sie die abgetropften Kichererbsen unter den Pilaw und lassen alles weitere 5 Minuten köcheln.*
5. *Den Schafskäse können Sie als nächstes etwas zerbröseln. Die frische Petersilie waschen und klein hacken. Geben Sie die Hälfte der Petersilie zusammen mit dem Schafskäse zu dem Pilaw hinzu. Etwas Zitronensaft, Pfeffer und Salz nach Ihrem Geschmack hinzugeben und alles abschmecken. Die übrige Petersilie als Garnitur über dem Pilaw verteilen und alles servieren.*

Tipp: Wussten Sie, dass Kichererbsen nicht nur lecker, sondern auch sehr gesund sind? Sie enthalten jede Menge pflanzliches Eiweiß und sorgen durch komplexe Kohlenhydrate dafür, dass Sie und Ihre ganze Familie mit genügend Energie versorgt wird.

Shake-your-

Pizza

Zutaten

1 rote Paprikaschote
Butter zum Einfetten
1 weiße Küchenzwiebel
200 g Strauchtomaten
200 g Kochschinken
200 ml frische Bio-Milch
140 g Mais (Dose)
3 frische Bio-Eier, Größe M
200 g geriebener Pizzakäse
Meersalz, frisch gemahlener Pfeffer
200 g Dinkelmehl
2 EL Kräuter der Provence

3-4 *Portionen*

10 min *Vorbereitungszeit*

leicht *Schwierigkeitsgrad*

raffiniert *Geschmack*

Zubereitung:

1. *Diese Pizza ist bei Kindern der absolute Liebling. Lassen Sie Ihre Kinder hier auch ruhig mithelfen und Gemüse waschen.*
2. *Heizen Sie zuerst den Backofen auf 180 Grad (Ober-/Unterhitze) vor.*
3. *Schälen Sie die Zwiebel und schneiden sie klein. Die Tomaten waschen und klein schneiden. Waschen Sie auch die Paprikaschote, entfernen den Deckel und schneiden das Kerngehäuse und die Trennhäute heraus.*
4. *Gießen Sie den Mais ab und lassen ihn kurz abtropfen. Widmen Sie sich nun dem Kochschinken und schneiden diesen klein.*
5. *Geben Sie nun die kompletten Rezept-Zutaten, bis auf die Butter in eine Rührschüssel mit Deckel. Den Deckel nun verschließen und die Schüssel kräftig durchschütteln. Diese Aufgaben können auch sehr gerne Ihre Kinder übernehmen. Sie werden sehen, wie viel Freude sie haben.*
6. *Fetten Sie ein Backblech mit Butter ein. Geben Sie die Pizza auf das Blech und schieben sie in den Ofen. Für 20 Minuten goldbraun backen.*
7. *Nehmen Sie die Pizza aus dem Ofen und genießen Sie diesen absoluten Familien-Hit noch warm.*

Wikinger

TOPF

ZUTATEN

250 g Tagliatelle
Etwas gehackte Schnittlauchröllchen
Muskatnuss, Pfeffer, Salz
1 Schalotte
150 ml süße Sahne
400 g gemischtes Hackfleisch
600 ml Gemüsebrühe
1 frisches Bio-Ei, Größe M
4 EL Rapsöl
1 TL mittelscharfer Senf
250 g Spitzkohl
1 Msp. geriebene Zitronenschale
2 EL Dinkelmehl
125 g Champignons

4 Portionen
20 min Vorbereitungszeit
leicht Schwierigkeitsgrad
beliebt Geschmack

ZUBEREITUNG:

1. *In einem ersten Schritt die Schalotte schälen und hacken.*
2. *Vermengen Sie in einer Rührschüssel nun den Senf mit dem Ei, dem Mehl, den gehackten Schalotten, der geriebenen Zitronenschale und dem Hackfleisch. Würzen Sie mit Pfeffer und Salz und formen aus der Masse mit angefeuchteten Händen kleine Bällchen.*
3. *Putzen Sie die frischen Champignons und schneiden sie in Scheiben. Den Spitzkohl waschen und in Streifen schneiden.*
4. *Erhitzen Sie in einer großen und hohen Pfanne das Rapsöl. Braten Sie die Hackbällchen kross an. Löschen Sie alles mit der Sahne und der Brühe ab. Geben Sie die Nudeln hinzu und lassen alles zugedeckt 6 Minuten köcheln.*
5. *Nach der Kochzeit die frischen Pilze und den Kohl untermischen und nochmals 4 Minuten gar werden lassen. Würzen Sie zum Schluss noch mit Pfeffer, Muskatnuss und Salz nach Ihrem Geschmack. Geben Sie die Schnittlauchröllchen als Garnitur darüber und servieren diesen leckeren Wikinger-Topf.*

TIPP: Sie können hier ganz nach Belieben auch Zutaten variieren. Probieren Sie es doch einmal mit Möhren oder auch Blumenkohl und Brokkoli. Beziehen Sie Ihr Kind ruhig in die Vorbereitungen und auch Planungen mit ein. Lassen Sie es auch einmal entscheiden, welches Gemüse in den Wikinger-Topf soll.

Hähnchen-Zucchini-Topf

Mit Reis

Zutaten

3 Stängel Petersilie
4 Schalotten
500 ml Geflügelbrühe
Meersalz, frisch gemahlener Pfeffer
2 Knoblauchzehen
150 ml passierte Tomaten (Dose)
1 Zucchini
200 g Langkornreis
1 gelbe Paprikaschote
3 EL Olivenöl
250 g Hähnchenbrustfilet

4 *Portionen*

20 min *Vorbereitungszeit*

leicht *Schwierigkeitsgrad*

nährstoffreich *Ernährungsform*

Zubereitung:

1. *Lassen Sie Ihre Kleinen hier gerne mithelfen. Sie können schonmal die Paprika und die Zucchini waschen.*
2. *Die Knoblauchzehen und die Schalotten schälen und fein hacken. Die Zucchini in Würfel schneiden. Bei der Paprika den Deckel entfernen, die Trennhäute und das Kerngehäuse herauslösen. Schneiden Sie die Paprika anschließend in Würfel.*
3. *Das Fleisch kurz abspülen und in Streifen schneiden.*
4. *Erhitzen Sie in einem Topf das Öl und braten das Fleisch darin an. Nehmen Sie das Fleisch nun heraus und stellen es zur Seite. Schwitzen Sie nun die Schalotten und den Knoblauch kurz an. Geben Sie nach und nach die Zucchini und die Paprika hinzu. Den Reis und die passierten Tomaten untermischen und alles kurz anschwitzen.*
5. *Löschen Sie das Reis-Gemüse mit der Brühe ab. Geben Sie das Hähnchenfleisch hinzu und würzen alles nach Ihrem Geschmack mit Pfeffer und Salz. Lassen Sie den Reis-Topf für 15 Minuten bei geringer Hitzezufuhr köcheln.*
6. *Waschen Sie die Petersilie, oder lassen Sie das Ihren kleinen Liebling machen. Anschließend fein hacken und zum Reis-Topf geben. Nochmals mit Pfeffer und Salz würzen und servieren.*

Tipp: Schalotten sind sehr beliebt und vielseitig einsetzbar. Sie schmecken etwas milder im Geschmack als die reine Küchenzwiebel. Zudem enthalten sie einige ätherische Öle, die unter anderem für die Darmgesundheit gut sind.

One-Sheet

Gemüse-Lachs

Zutaten

250 g gelbe Cocktailtomaten
2 Zucchini
1 EL gehackter Dill (TK oder frisch)
2 EL Olivenöl
1 TL flüssiger Bio-Waldhonig
4 Lachsfilets (ohne Haut)
2 EL Zitronensaft
1 TL mittelscharfer Senf
Meersalz, frisch gemahlener Pfeffer

4 Portionen
10 min Vorbereitungszeit
leicht Schwierigkeitsgrad
beliebt Geschmack

Zubereitung:

1. *Heizen Sie als Erstes den Backofen auf 180 Grad (Ober-/Unterhitze) vor.*
2. *Waschen Sie die Zucchini und schneiden sie in Scheiben.*
3. *Verrühren Sie in einer Rührschüssel den Senf mit dem Olivenöl, dem Dill, dem Honig und dem Zitronensaft. Würzen Sie die Marinade mit Pfeffer und Salz.*
4. *Legen Sie das Lachsfilet und die Zucchini auf ein mit Backpapier ausgelegtes Backblech. Waschen Sie die Tomaten kurz ab und legen sie ganz ebenfalls auf das Backblech. Träufeln Sie die Marinade nun über das Gemüse und den Fisch.*
5. *Backen Sie das Lachs-Gemüse-Blech im Ofen für 25 Minuten. Anschließend herausnehmen und sofort servieren.*

Tipp: Lachs ist ein wunderbarer Lieferant von wertvollen Omega-3-Fettsäuren. Tauschen Sie doch gerne einmal die Zucchini durch Kürbis oder Auberginen aus. Auch Paprika schmeckt wunderbar zu frischem Lachs.

Gemüsespaß

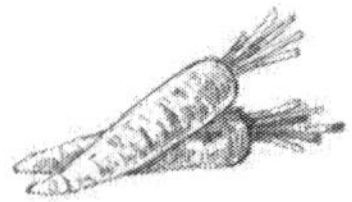

Pilz-
Nudel-Topf

Zutaten

400 g Penne
250 g Champignons
50 ml süße Sahne
750 ml Gemüsebrühe
40 g Pinienkerne
1 EL Butter
200 g Chorizo
Meersalz, frisch gemahlener Pfeffer
2 Handvoll Babyspinat

4 Portionen
15 min Vorbereitungszeit
leicht Schwierigkeitsgrad
würzig Geschmack

Zubereitung:

1. *Dieses Gericht lieben alle Kinder. Lassen Sie die Kleinen hier gerne die Champignons putzen.*
2. *Schneiden Sie die Champignons anschließend klein. Hacken Sie die Pinienkerne.*
3. *Widmen Sie sich nun der Chorizo und schneiden sie in Scheiben. Den Spinat noch waschen.*
4. *Erhitzen Sie in einem Topf die Butter und dünsten die Champignons mit der Chorizo kurz an. Geben Sie die Pinienkerne hinzu und lassen alles kurz andünsten. Löschen Sie alles mit der Sahne und der Gemüsebrühe ab. Lassen Sie alles kurz aufkochen und geben anschließend die Nudeln hinein. Den Pilz-Topf nun für 8 Minuten köcheln lassen.*
5. *Geben Sie den Spinat hinzu und würzen mit Pfeffer und Salz nach Ihrem Geschmack. Lassen Sie alles solange köcheln, bis der Spinat in sich zusammengefallen ist.*
6. *Zum Schluss können Sie den Nudel-Topf auf Tellern anrichten und genießen.*

Tipp: Für eine vegetarische Variante können Sie die Chorizo durch Zucchini oder die doppelte Menge an Champignons ersetzen.

Exotischer

Reis-Pilz-Topf

Zutaten

1 Msp. gemahlener Koriander
1 Msp. gemahlener Piment
1 weiße Küchenzwiebel
2 Knoblauchzehen
1 rote Paprikaschote
1 grüne Paprikaschote
1 TL Cajun-Gewürzmischung (nach Belieben)
100 g TK-Erbsen
500 ml Gemüsebrühe
Meersalz, frisch gemahlener Pfeffer
250 g Austernpilze (alternativ Champignons)
80 ml trockener Weißwein (alternativ Gemüsebrühe)
60 g Oliven, mit Paprika gefüllt
300 g Vollkornreis (alternativ Langkornreis)
1 EL Tomatenmark
3 EL Olivenöl

4 Portionen
20 min Vorbereitungszeit
leicht Schwierigkeitsgrad
vegetarisch Ernährungsform

Zubereitung:

1. *Schälen Sie als Erstes die Zwiebel und die Knoblauchzehen und hacken sie anschließend klein. Die Paprikaschoten waschen, den Deckel entfernen und das Kerngehäuse und die Trennhäute herausholen. Schneiden Sie die Paprikaschoten anschließend in Würfel.*
2. *Lassen Sie die Erbsen auftauen. Die Pilze als nächstes putzen und in Stücke schneiden. Die Oliven abgießen und abtropfen lassen.*
3. *Erhitzen Sie in einem Topf das Olivenöl und dünsten darin den Knoblauch und die Zwiebel glasig an. Geben -sie nach und nach die Pilze und die Paprika hinzu und lassen alles 3 Minuten anschwitzen. Den Reis und das Tomatenmark untermengen und mit dem Wein ablöschen. Würzen Sie nach Ihrem Geschmack mit Pfeffer und Salz.*
4. *Die Brühe, die Oliven und die Erbsen in den Topf geben. Den Koriander, das Cajun und das Piment unterrühren und alles zugedeckt 15-20 Minuten gar werden lassen. Sie können nochmals mit Pfeffer und Salz abschmecken und dann alles servieren.*

Klassischer
Nudel-Topf mit Zucchini

Zutaten

1 EL Olivenöl
1 weiße Küchenzwiebel
1 Zucchini
1 Knoblauchzehe
Meersalz, frisch gemahlener Pfeffer
250 g Penne
300 ml frische Bio-Milch (1,5 % Fett)
400 ml Gemüsebrühe
2 EL gehackte Petersilie
60 g geriebener Parmesan

2-3
Portionen

10 min
Vorbereitungs-zeit

leicht
Schwierigkeits-grad

vegetarisch
Ernährungs-form

Zubereitung:

1. *Schälen und hacken Sie zuerst die Knoblauchzehe und die Zwiebel. Die Zucchini waschen und in Würfel schneiden.*
2. *Geben Sie als nächstes das Olivenöl in einen Topf und schwitzen darin den Knoblauch und die Zwiebel an. Die Zucchiniwürfel hinzugeben und 1 Minute mitandünsten.*
3. *Die Petersilie zusammen mit den Nudeln, der Milch und der Gemüsebrühe in den Topf geben und alles zugedeckt 10 Minuten köcheln lassen. Nach ungefähr 8 Minuten können Sie den Parmesan unterrühren.*
4. *Würzen Sie den Nudel-Topf zum Schluss ganz nach Ihrem Geschmack mit Pfeffer und Salz und servieren alles sofort.*

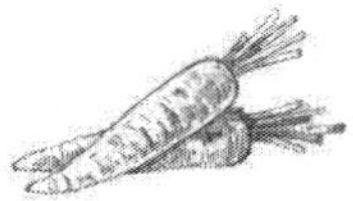

Brokkoli-Nudeln

Mit Schafskäse

Zutaten

150 g Schafskäse
1 Brokkoli
Meersalz, frisch gemahlener Pfeffer
1 weiße Küchenzwiebel
1 Knoblauchzehe
2 EL gehackte Petersilie
400 ml Gemüsebrühe
300 ml frische Bio-Milch (1,5 % Fett)
100 g getrocknete Tomaten (in Öl eingelegt)
250 g Fusilli
1 EL Rapsöl

2-3 Portionen

10 min Vorbereitungszeit

leicht Schwierigkeitsgrad

vegetarisch Ernährungsform

Zubereitung:

1. *Waschen Sie zuerst den Brokkoli und schneiden ihn in Röschen. Die Knoblauchzehe und die Zwiebel schälen und fein hacken. Die getrockneten Tomaten aus dem Glas nehmen und klein schneiden.*
2. *Erhitzen Sie in einem großen Topf das Öl und dünsten darin den Knoblauch und die Zwiebeln an.*
3. *Geben Sie die Nudeln, den Brokkoli, die Brühe und die Milch hinzu und lassen alles aufkochen. Die gehackte Petersilie untermengen und alles für 10 Minuten köcheln lassen.*
4. *Als nächstes können Sie die getrockneten Tomaten hinzugeben und alles nach Ihrem Geschmack mit Pfeffer und Salz würzen.*
5. *Den Schafskäse noch zerbröseln und zu dem Nudel-Topf geben. Richten Sie alles auf Tellern an und genießen Sie Ihre Brokkoli-Nudeln mit der ganzen Familie.*

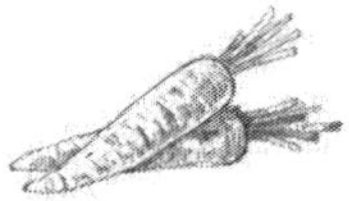

Gemüse-Topf

Mit Fussili

Zutaten

2 EL gehackte Schnittlauchröllchen
250 g gelbe Cocktailtomaten
100 g geriebener Parmesan
1 weiße Küchenzwiebel
1 Prise Rohrzucker
2 Knoblauchzehen
Meersalz, frisch gemahlener Pfeffer
1 Aubergine
400 g Fusilli
1 l Gemüsebrühe
1 Zucchini
1 Möhre
2 EL Olivenöl

4 Portionen

20 min Vorbereitungszeit

leicht Schwierigkeitsgrad

vegetarisch Ernährungsform

Zubereitung:

1. *Die Cocktailtomaten als Erstes waschen und halbieren. Die Knoblauchzehe und die Zwiebel schälen und fein hacken. Waschen Sie die Zucchini und die Aubergine und schneiden sie in Würfel. Hierbei können Sie gerne Ihre ganze Familie einbeziehen. Jeder kann sich um ein Gemüse kümmern und dies waschen und klein schneiden, je nachdem wie groß die Kleinen sind.*
2. *Die Möhre als nächstes schälen und fein hobeln.*
3. *Erhitzen Sie in einem Topf das Öl und dünsten darin die Aubergine zusammen mit der Möhre und der Zucchini 3 Minuten an. Den Knoblauch hinzugeben und alles kurz anschwitzen. Löschen Sie nun mit der Gemüsebrühe alles ab und geben die Nudeln dazu. Lassen Sie den Gemüse-Topf für 10 Minuten köcheln. Rühren Sie zwischendurch immer wieder um und geben bei Bedarf noch etwas Wasser hinzu.*
4. *Nach 7 Minuten der Kochzeit die Tomaten untermischen und alles mit etwas Zucker, Pfeffer und Salz nach Ihrem Geschmack würzen. Zum Schluss noch den Schnittlauch und den Parmesan darüber streuen und servieren.*

Tipp: Probieren Sie diesen leckeren Gemüse-Topf im Herbst doch einmal mit Hokkaido-Kürbis. Das schmeckt nicht nur Ihnen, sondern auch Ihren Kleinen gut. Tauschen Sie hierfür die Zucchini und die Möhre durch den Kürbis aus.

Frühlings
Spinat-Topf

Zutaten

Meersalz, Muskatnuss, frisch gemahlener Pfeffer
1 weiße Küchenzwiebel
1 EL Olivenöl
200 g Kirschtomaten
10 g Pinienkerne
1 Knoblauchzehe
2 EL Frischkäse
250 g Muschel-Nudeln
400 ml Gemüsebrühe
300 ml frische Bio-Milch (1,5 % Fett)
250 g gehackter Blattspinat (TK)
50 g Schafskäse

2-3 Portionen

10 min Vorbereitungszeit

leicht Schwierigkeitsgrad

vegetarisch Ernährungsform

Zubereitung:

1. *Schälen Sie als Erstes den Knoblauch und die Zwiebel und schneiden sie klein. Die Tomaten waschen und halbieren.*
2. *Rösten Sie kurz die Pinienkerne in einem Topf, ohne eine Fettzugabe an. Anschließend herausnehmen und zur Seite stellen.*
3. *Widmen Sie sich nun den restlichen Zutaten. Erhitzen Sie hierfür in einem Topf das Olivenöl und dünsten darin den Knoblauch und die Zwiebeln an. Geben Sie die Gemüsebrühe, den Spinat, die Milch und die Nudeln hinzu und lassen alles aufkochen. Bei moderater Hitzezufuhr nun 10 Minuten köcheln lassen.*
4. *Zerbröseln Sie noch den Schafskäse und geben ihn kurz vor dem Ende der Kochzeit den zusammen mit den Tomaten hinzu. Würzen Sie alles ganz nach Ihrem Geschmack mit Pfeffer, Salz und Muskatnuss.*
5. *Als Garnitur können Sie oder Ihr kleiner Liebling nun die Pinienkerne über den Frühlings-Spinat-Topf geben und servieren.*

Vegetarische Linsen-Pasta

Zutaten

2 EL italienische Kräuter (TK)
1 weiße Küchenzwiebel
200 g rote Linsen
1 Knoblauchzehe
2 Stangen Staudensellerie
1 EL Olivenöl
250 g Penne
800 ml Gemüsebrühe
400 g Kirschtomaten
Meersalz, frisch gemahlener Pfeffer

2-3 Portionen

10 min Vorbereitungszeit

leicht Schwierigkeitsgrad

vegetarisch Ernährungsform

Zubereitung:

1. *Waschen und halbieren Sie zuerst die Tomaten. Schälen und würfeln Sie den Knoblauch und die Zwiebel. Den Staudensellerie waschen und in Scheiben schneiden. Die Linsen waschen und abtropfen lassen.*
2. *Erhitzen Sie in einem Topf das Olivenöl und dünsten den Knoblauch, die Zwiebeln und den Sellerie 2 Minuten lang an. Die Linsen hinzugeben und alles miteinander vermengen.*
3. *Geben Sie die Gemüsebrühe zusammen mit den Nudeln und den Tomaten hinzu. Die gehackten Kräuter unterrühren und alles 10 Minuten köcheln lassen.*
4. *Zum Schluss die vegetarische Pasta mit Pfeffer und Salz würzen und servieren.*

Nussige Gemüse-Pfanne

Nach „Peking-Art“

Zutaten

1 EL gehackter Koriander (TK oder frisch)
300 g Brokkoli
200 g Zuckerschoten
1 rote Paprikaschote
2 EL Sesamöl
2 Frühlingszwiebeln
1 EL Sesam
2 EL Erdnussbutter
3 EL helle Sojasauce
2 EL Limettensaft
200 g Mie-Nudeln
Meersalz, frisch gemahlener Pfeffer
800 ml Wasser

3-4 Portionen

15 min Vorbereitungszeit

leicht Schwierigkeitsgrad

vegetarisch Ernährungsform

Zubereitung:

1. *Waschen Sie zuerst den Brokkoli und schneiden ihn in Röschen. Die Paprikaschote waschen, den Deckel entfernen und die Kerne und Trennhäute herauslösen. Anschließend in Streifen schneiden. Die Frühlingszwiebeln waschen und in Ringe schneiden.*
2. *Erhitzen Sie in einer großen Pfanne oder einem Wok das Sesamöl. Dünsten Sie den Brokkoli, die Paprika und die Zuckerschoten 3 Minuten darin an. Würzen Sie mit Pfeffer und Salz. Geben Sie 800 ml Wasser hinzu und lassen alles 5 Minuten köcheln.*
3. *Rühren Sie die Sojasauce und die Mie-Nudeln unter und lassen alles weitere 5 Minuten köcheln.*
4. *Den Limettensaft zusammen mit der Erdnussbutter in die Gemüse-Pfanne geben. Die Frühlingszwiebeln zusammen mit dem Koriander und dem Sesam ebenfalls zum Gemüse geben, alles gründlich miteinander verrühren und abschmecken.*
5. *Die fertige Asia-Pfanne auf Tellern anrichten und servieren.*

Brokkoli

Pfanne

Zutaten

1 Brokkoli (ca. 800 g)
50 g Schafskäse
1 weiße Küchenzwiebel
1 EL gehackte Petersilie (TK oder frisch)
200 ml Sahne
2 EL Olivenöl
150 g gelbe Cocktailtomaten
50 g Cashewnüsse
100 ml Gemüsebrühe
Meersalz, frisch gemahlener Pfeffer

3-4 Portionen
10 min Vorbereitungszeit
leicht Schwierigkeitsgrad
vegetarisch Ernährungsform

Zubereitung:

1. *Waschen Sie zuerst den Brokkoli und schneiden ihn in Röschen. Die Küchenzwiebel schälen und klein schneiden. Die gelben Tomaten waschen und halbieren.*
2. *Erhitzen Sie in einer Pfanne das Öl und dünsten darin den Brokkoli zusammen mit den Zwiebeln 5 Minuten lang an.*
3. *Geben Sie nun die Sahne, die Brühe, die Petersilie und die Tomaten hinzu und lassen alles zugedeckt 5 Minuten köcheln.*
4. *Würzen Sie die Brokkoli-Pfanne zum Schluss ganz nach Ihrem Geschmack mit Pfeffer und Salz. Zerbröseln Sie den Schafskäse etwas.*
5. *Die Cashewnüsse können Sie noch etwas klein hacken und zusammen mit dem Schafskäse über die Gemüse-Pfanne geben und servieren.*

Tipp: Sie können anstatt Brokkoli auch andere Gemüsesorten wie Blumenkohl, Zucchini oder Kürbis verwenden.

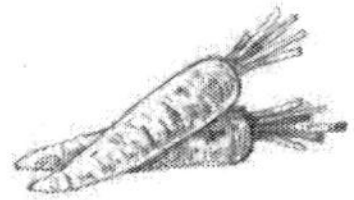

Spanische

FRITTATA

ZUTATEN

3 EL geriebener Parmesan
6 frische Bio-Eier, Größe M
2 EL gehackte Petersilie (TK oder frisch)
1 rote Zwiebel
200 g Süßkartoffeln (1 mittelgroße)
1 Zucchini
150 g Frischkäse
1 gelbe Paprikaschote
2 EL Olivenöl
Meersalz, frisch gemahlener Pfeffer

3-4
Portionen

10 min
Vorbereitungs-zeit

leicht
Schwierigkeits-grad

vegetarisch
Ernährungs-form

ZUBEREITUNG:

1. *Heizen Sie zuerst den Backofen auf 180 Grad (Ober-/Unterhitze) vor.*
2. *Verrühren Sie in einer kleinen Schüssel die frischen Eier mit den Kräutern und dem Frischkäse. Salzen und pfeffern Sie nach Ihrem Geschmack.*
3. *Schälen Sie die Süßkartoffel und schneiden sie in dünne Scheiben. Die Paprikaschote waschen, den De-ckel entfernen und das Kerngehäuse mit den Trennhäuten herauslösen. Anschließend in Scheiben schneiden. Die Zucchini waschen und ebenfalls in mundgerechte Scheiben schneiden. Schälen Sie die Zwiebel und schneiden sie in Ringe.*
4. *Erhitzen Sie in einer ofenfesten Pfanne das Olivenöl und dünsten darin die Zucchini, die Zwiebel, die Paprika und die Süßkartoffel 2 Minuten lang an. Würzen Sie alles mit Pfeffer und Salz.*
5. *Geben Sie nun die Ei-Kräuter-Masse über das Gemüse und lassen alles zugedeckt 10 Minuten stocken.*
6. *Streuen Sie den geriebenen Parmesan darüber und backen die Frittata im Ofen für 15 Minuten.*
7. *Anschließend können Sie diese vegetarische Frittata herausnehmen und servieren.*

TIPP: Diese Frittata ist das ideale Gericht für die ganze Familie. Sie können hier die Gemüsesorten je nach saisonalem und regionalem Angebot variieren. Probieren Sie doch auch einmal frische Champignons, Tomaten, Aubergine oder Zucchini aus. Sie werden sehen, dass es der ganzen Familie schmeckt.

Süßkartoffel

Stifte

Zutaten

1 TL Meersalz
3 Süßkartoffeln
2 EL Olivenöl
1 EL Paprikapulver, edelsüß
2 EL Speisestärke

- 2-4 Portionen
- 15 min Vorbereitungszeit
- leicht Schwierigkeitsgrad
- vegetarisch Ernährungsform

Zubereitung:

1. *Heizen Sie in einem ersten Schritt den Backofen auf 220 Grad (Ober-/Unterhitze) vor.*
2. *Schälen Sie die Süßkartoffeln und schneiden sie in 1 cm dicke Stifte. Legen Sie die Kartoffeln für 60 Minuten in eine Schale mit Wasser. Anschließend herausnehmen und trocken tupfen.*
3. *Geben Sie die Speisestärke in einen Gefrierbeutel. Die Süßkartoffel-Stifte dazu geben und alles miteinander vermengen.*
4. *Wenden Sie die Süßkartoffeln in Olivenöl und legen sie auf ein mit Backpapier belegtes Backblech. Das Paprikapulver über die Stifte streuen und für 25 Minuten goldbraun backen.*
5. *Zum Schluss noch etwas salzen und genießen.*

Pasta, Reis, Kartoffeln und Co. – Perfekte Stärkung für Klein & Groß

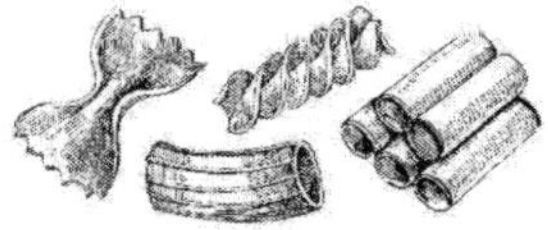

Entdecker-Topf „Italia"

Zutaten

Etwas gehackte Petersilie für die Garnitur
Muskatnuss, Meersalz, frisch gemahlener Pfeffer
1 weiße Küchenzwiebel
Etwas Zitronensaft
2 EL Olivenöl
125 g Gorgonzola
350 g Risottoreis
800 ml Gemüsebrühe
100 ml trockener Weißwein

4 Portionen
10 min Vorbereitungszeit
leicht Schwierigkeitsgrad
vegetarisch Ernährungsform

Zubereitung:

1. *Schälen Sie zuerst die Zwiebel und schneiden sie anschließend in Würfel.*
2. *Erhitzen Sie in einem Topf das Olivenöl und dünsten die Zwiebel glasig an. Geben Sie den Reis hinzu und lassen alles kurz anschwitzen. Löschen Sie nun mit dem Wein ab. Rühren Sie solange, bis keine Flüssigkeit mehr vorhanden ist. Geben Sie dann etwas Brühe hinzu und warten immer wieder, bis der Reis diese komplett aufgenommen hat. Erst dann können Sie die restliche Brühe hinzugeben. Das dauert ungefähr 20 Minuten, bis der Reis cremig ist.*
3. *Schneiden Sie in der Zwischenzeit den Gorgonzola in Würfel und rühren ihn unter das Risotto. Würzen Sie ganz nach Ihrem Geschmack mit etwas Pfeffer, Salz und Muskatnuss. Garnieren Sie die gehackte Petersilie zum Schluss auf dem Risotto und genießen Sie Ihr leckeres italienisches Reis-Gericht.*

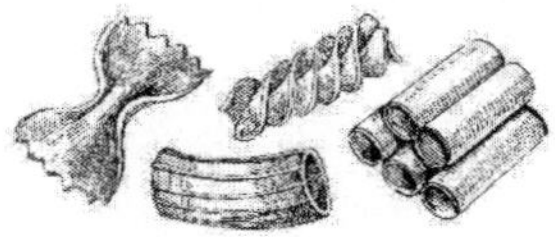

Italienische Bolognese

Zutaten

1 EL Olivenöl
1 weiße Küchenzwiebel
1 Zucchini
1 Knoblauchzehe
Meersalz, frisch gemahlener Pfeffer
250 g Farfalle
400 g gemischtes Hackfleisch
3 EL Tomatenmark
700 ml Gemüsebrühe
Etwas Kreuzkümmel
Etwas edelsüßes Paprikapulver
2 EL gehacktes Basilikum (TK oder frisch)

2-3 Portionen

15 min Vorbereitungszeit

leicht Schwierigkeitsgrad

mediterran Ernährungsform

Zubereitung:

1. *Beginnen Sie dieses Rezept damit, die Knoblauchzehe und die Zwiebel zu schälen und fein zu hacken. Die Zucchini waschen und in Würfel schneiden.*
2. *Erhitzen Sie das Olivenöl in einem Topf und braten das Hackfleisch darin kross an. Würzen Sie das Fleisch mit etwas Pfeffer und Salz.*
3. *Geben Sie den Knoblauch, die Zwiebeln und die Zucchini zu dem Hackfleisch und braten alles 3 Minuten an. Rühren Sie als nächstes das Tomatenmark unter.*
4. *Die Gemüsebrühe zusammen mit dem Basilikum und den Nudeln hinzugeben und alles 10 Minuten köcheln lassen.*
5. *Würzen Sie die Bolognese zum Schluss noch ganz nach Ihrem Geschmack mit Pfeffer, Kümmel, Paprika-pulver und Salz. Sofort servieren und mit der ganzen Familie genießen.*

Tipp: Sie können statt der Zucchini auch Auberginen oder Paprika verwenden. Im Herbst schmeckt die Bolognese auch wunderbar mit frischem Hokkaido-Kürbis.

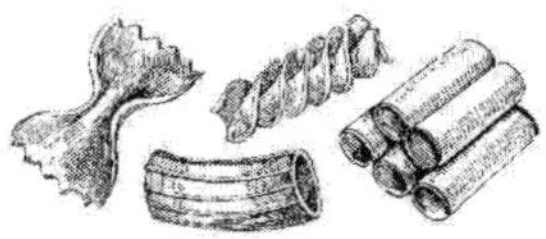

Exotische
Hähnchen-Spinat-Pfanne

Zutaten

2 EL Ajvar
400 g Hähnchenbrustfilet
1 Knoblauchzehe
200 g gehackter Blattspinat (TK)
1 rote Paprikaschote
1 grüne Paprikaschote
2 EL Rapsöl
8 Champignons
Paprikapulver, Meersalz, frisch gemahlener Pfeffer
1 weiße Küchenzwiebel
400 ml Kokosmilch

Zubereitung:

1. *Diese leckere Pfanne ist etwas besonders und wird nicht nur den Kleinen schmecken.*
2. *Waschen Sie kurz das Hähnchenbrustfilet und schneiden es in Würfel. Die Paprikaschoten waschen, den Deckel entfernen und Kerne und Trennhäute herauslösen. Anschließend dann in Streifen schneiden. Die Pilze putzen und in Scheiben schneiden. Schälen Sie die Knoblauchzehe und die Zwiebel und schneiden beides in Würfel.*
3. *Erhitzen Sie in einer Pfanne das Öl und dünsten darin den Knoblauch und die Zwiebeln an. Geben Sie das Hähnchenbrustfilet hinzu und würzen ganz nach Ihrem Geschmack mit Pfeffer und Salz. Die Pilze und die Paprikastreifen in die Pfanne geben und alles kurz anbraten.*
4. *Löschen Sie danach alles mit der Kokosmilch ab. Rühren Sie noch den Blattspinat unter und lassen alles 5 Minuten köcheln.*
5. *Zum Schluss können Sie die Hähnchen-Pfanne mit Pfeffer, Salz, Paprikapulver und Ajvar würzen und servieren.*

Tipp: Probieren Sie hier ein paar andere Kreationen aus und wählen saisonales Gemüse wie zum Beispiel Blumenkohl, Zucchini oder auch Aubergine. Diese leckere Hähnchen-Pfanne können Sie auch als vegetarische Variante kochen. Ersetzen Sie dabei das Fleisch durch Kichererbsen oder Linsen.

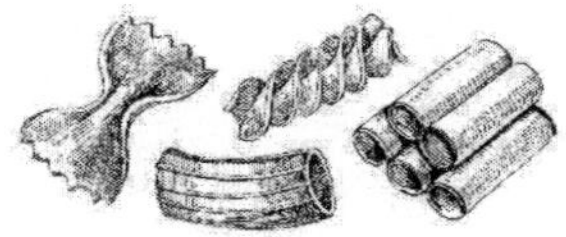

One-Pot

Tomaten-Spaghetti-Topf

Zutaten

30 g geriebener Parmesan
1 weiße Küchenzwiebel
Etwas Zitronensaft
1 Knoblauchzehe
3 Stängel Basilikum
4 EL Olivenöl
250 g Kirschtomaten
400 g Spaghetti
1 EL Tomatenmark
Etwas Rohrzucker
200 ml passierte Tomaten (Dose)
Meersalz, frisch gemahlener Pfeffer
800 ml Gemüsebrühe

4 Portionen
15 min Vorbereitungszeit
leicht Schwierigkeitsgrad
vegetarisch Ernährungsform

Zubereitung:

1. *Diesen Spaghetti-Topf lieben wohl alle Kinder. Beginnen Sie zuerst damit, die Knoblauchzehe und die Zwiebel zu schälen. Anschließend beides klein hacken.*
2. *Erhitzen Sie in einem Topf das Olivenöl und dünsten darin den Knoblauch und die Zwiebel an. Geben Sie das Tomatenmark hinzu und lassen alles kurz anschwitzen.*
3. *Geben Sie nun die Gemüsebrühe und die passierten Tomaten hinzu. Schmecken Sie kurz alles mit Pfeffer, Salz und etwas Zucker ab. Die Spaghetti untermischen und alles für 10 Minuten köcheln lassen. Rühren Sie zwischendurch immer wieder um und geben bei Bedarf noch etwas Wasser hinzu.*
4. *In der Zwischenzeit können Sie sich den restlichen Zutaten widmen. Waschen Sie die Kirschtomaten und halbieren sie. Das Basilikum ebenfalls waschen und die Blätter abzupfen.*
5. *Geben Sie etwas Zitronensaft zu den Nudeln hinzu und schmecken alles ab. Die halbierten Tomaten untermischen und alles von der Kochstelle nehmen. Lassen Sie die Nudeln kurz noch 3 Minuten ziehen.*
6. *Basilikum und Parmesan zum Schluss als Highlight über den Spaghetti-Topf verteilen und servieren.*

Tipp: Basilikum verleiht vielen Gerichten nicht nur einen tollen Geschmack, sondern ist auch überaus gesund. In diesem Kraut stecken viele ätherische Öle, die unter anderem die eigenen Abwehrkräfte stärken können und die Zellen jung halten. Sie helfen ebenfalls bei der geistigen Fitness und regen das Denkvermögen an. Geben Sie Basilikum also immer wieder zu Gerichten hinzu und tun Sie so Ihrer ganzen Familie etwas Gutes.

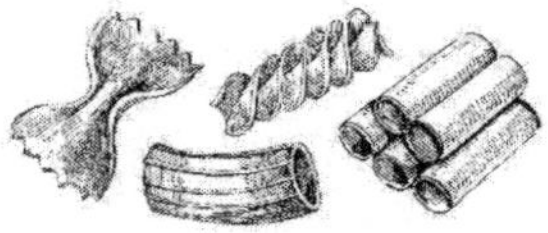

Ananas-
Nudel-Topf

Zutaten

Meersalz, frisch gemahlener Pfeffer
1 Ananas
300 ml Sahne
1 EL Rapsöl
500 ml Gemüsebrühe
250 g Penne
100 g saftiger Kochschinken

2-3 Portionen

10 min Vorbereitungszeit

leicht Schwierigkeitsgrad

raffiniert Geschmack

Zubereitung:

1. *Schneiden Sie die Ananas etwas klein, um sie besser verarbeiten zu können. Entfernen Sie danach die Schale und schneiden das Fruchtfleisch in kleine Würfel.*
2. *Den Kochschinken als nächstes in Streifen schneiden.*
3. *Erhitzen Sie in einem Topf das Rapsöl und geben den Schinken hinein. Lassen Sie ihn kurz anbraten. Löschen Sie alles mit der Brühe und der Sahne ab. Geben Sie die Nudeln und die Ananas hinzu und lassen alles für 10 Minuten köcheln.*
4. *Zum Schluss können Sie den Ananas-Nudel-Topf mit etwas Pfeffer und Salz würzen und servieren.*

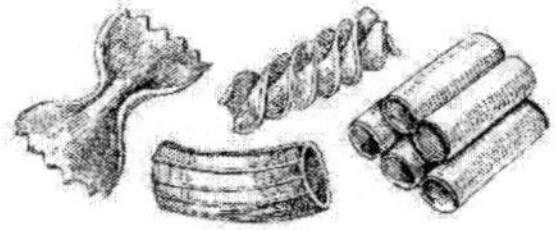

Asia-Nudeln

Für kleine und große Weltentdecker

Zutaten

300 ml Hühnerbrühe
500 ml Kokosmilch
1 rote Paprikaschote
1 grüne Paprikaschote
3 Frühlingszwiebeln
1 Karotte
200 g Brokkoli
400 g Hähnchenbrustfilet
2 EL Currypulver
250 g Farfalle
Meersalz, frisch gemahlener Pfeffer

2-3 Portionen

15 min Vorbereitungszeit

leicht Schwierigkeitsgrad

exotisch Geschmack

Zubereitung:

1. *Waschen Sie zuerst die Paprika und entfernen den Deckel. Die Trennhäute und das Kerngehäuse herauslösen und in Würfel schneiden. Schälen Sie die Karotte und schneiden sie in dünne Scheiben. Die Frühlingszwiebeln waschen und klein schneiden. Den Brokkoli waschen und in Röschen schneiden.*
2. *Das Hähnchenbrustfilet als nächstes kurz abwaschen und klein schneiden.*
3. *Geben Sie nun alle Zutaten nacheinander in einen großen Topf und bringen sie zum Kochen. Lassen Sie den Asia-Topf bei mittlerer Hitze für 10 Minuten köcheln. Schmecken Sie nun alles mit Currypulver, Pfeffer und Salz ab. R*
4. *Richten Sie alles auf Tellern an und servieren Ihren Asia-Topf.*

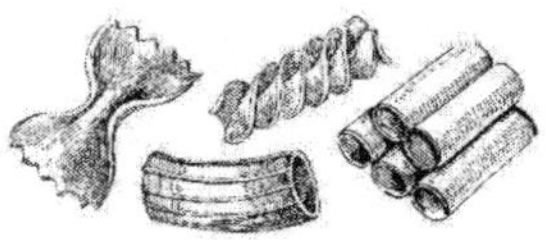

Reis

Mit Gemüse Allerlei

Zutaten

4 EL geriebener Parmesan
1 weiße Küchenzwiebel
100 g Kohlrabi
1 Pastinake
1 Karotte
4 Champignons
1 EL Rapsöl
180 g 10-Minuten-Naturreis
250 g Erbsen (TK)
400 ml Gemüsebrühe
200 ml Sahne
2 EL Petersilie (TK)

2-3 Portionen

10 min Vorbereitungszeit

leicht Schwierigkeitsgrad

vegetarisch Ernährungsform

Zubereitung:

1. *Schälen Sie zuerst die Zwiebel, die Pastinake, die Kohlrabi und die Karotte. Schneiden Sie alles in Würfel. Die Champignons putzen und in Scheiben schneiden.*
2. *Erhitzen Sie das Öl in einem Topf und dünsten darin Pastinake, Kohlrabi, Karotte, Zwiebel und Champig-nons an. Geben Sie den Reis dazu und rühren kräftig um.*
3. *Löschen Sie nun alles mit der Sahne und der Gemüsebrühe ab. Geben Sie die Erbsen und die Petersilie dazu und lassen alles für 10 Minuten köcheln.*
4. *Kurz vor Ende der Kochzeit können Sie den Parmesan unterrühren. Richten Sie alles auf Tellern an und genießen Sie Ihr Familiengericht.*

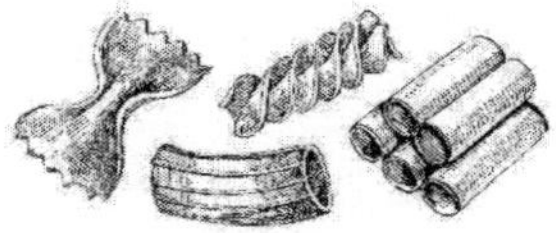

Erfrischendes RISOTTO

ZUTATEN

20 g geriebener Parmesan
1 weiße Küchenzwiebel
1 Bio-Zitrone
1 Knoblauchzehe
2 EL Olivenöl
100 g Erbsen (TK)
160 g Risottoreis
600 ml Gemüsebrühe
2 EL Butter
1 EL gehackte Petersilie (TK oder frisch)

ZUBEREITUNG:

1. *Zuerst den Knoblauch und die Zwiebel schälen und würfeln. Waschen Sie die Zitrone mit heißem Wasser und reiben die Schale ab. Anschließend halbieren und den Saft herauspressen.*
2. *Erhitzen Sie das Öl in einem Topf und dünsten den Knoblauch und die Zwiebel glasig an.*
3. *Geben Sie nach und nach die Erbsen, den Reis und die Brühe hinzu und lassen alles 15 Minuten köcheln.*
4. *1 EL Zitronenschale, die Petersilie und die Butter unter das Risotto mischen. Den Zitronensaft hinzugeben und alles mit dem Parmesan bestreuen.*
5. *Richten Sie das Risotto auf Tellern an und genießen Sie dieses erfrischende Reis-Gericht.*

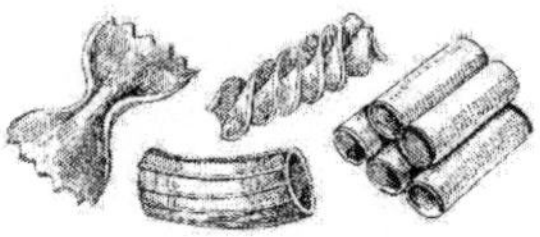

Lachs-Reis

Nach asiatischer Art

Zutaten

1 EL gehackte Petersilie (TK)
2 Lachsfilets (ohne Haut)
4 Frühlingszwiebeln
1 Zucchini
400 ml Kokosmilch
160 g 10-Minuten-Parboiled-Reis
100 g Erbsen (TK)
2 EL Currypulver
200 ml Gemüsebrühe
Meersalz, frisch gemahlener Pfeffer

2-3 Portionen
10 min Vorbereitungszeit
leicht Schwierigkeitsgrad
raffiniert Geschmack

Zubereitung:

1. *Waschen Sie kurz die Lachsfilets ab und schneiden sie anschließend in mundgerechte Würfel. Die Zucchini waschen und ebenfalls in Würfel schneiden. Waschen Sie auch die Frühlingszwiebeln und schneiden sie in Ringe.*
2. *Nehmen Sie nun einen Topf und geben nacheinander die Brühe, die Erbsen, die Kokosmilch, die Petersilie, den Reis, das Currypulver und die Zucchini hinein. Lassen Sie alles kurz aufkochen. Geben Sie nun die Lachswürfel dazu und lassen alles für 10 Minuten köcheln. Würzen Sie nach Ihrem Geschmack mit Pfeffer und Salz.*
3. *Nehmen Sie den Topf von der Herdplatte und rühren die Frühlingszwiebeln unter. Richten Sie alles auf Tellern an und servieren Sie Ihren Lachs-Reis.*

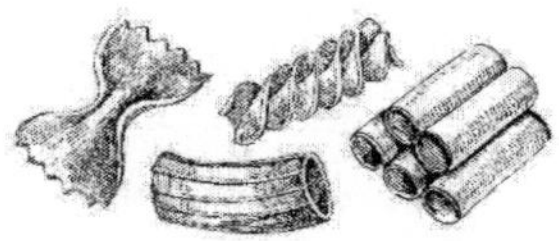

Schnelle
Seefahrer-Nudeln

Zutaten

50 g geriebener Parmesan
1 weiße Küchenzwiebel
Meersalz, frisch gemahlener Pfeffer
1 Knoblauchzehe
400 g Thunfisch (Dose, in eigenem Saft)
250 g Muschel-Nudeln
400 ml gehackte Tomaten (Dose)
2 EL gehacktes Basilikum (TK)
500 ml Gemüsebrühe
3 EL Crème fraîche

3-4
Portionen

5 min
Vorbereitungszeit

leicht
Schwierigkeitsgrad

beliebt
Geschmack

Zubereitung:

1. *Dieser Seefahrer-Topf ist besonders schnell zubereitet und ideal, wenn Sie keine Zeit zum Kochen haben.*
2. *Schälen Sie zuerst die Knoblauchzehe und die Zwiebel und hacken beides klein.*
3. *Geben Sie die Nudeln mit dem Knoblauch, der Zwiebel, dem Thunfisch, der Brühe, dem Basilikum und den Tomaten in einen Topf. Lassen Sie alles kurz aufkochen. Den Seefahrer-Topf für 10 Minuten bei mittlerer Hitze köcheln lassen.*
4. *Rühren Sie zum Schluss noch die Crème fraîche unter und würzen alles mit Pfeffer und Salz nach Belieben. Den Parmesan über die Nudeln geben und servieren.*

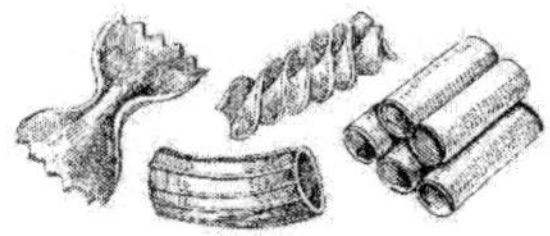

Karibischer Reis

Zutaten

50 g Cashewnüsse
1 Stück Ingwer (2 cm)
1 Knoblauchzehe
1 EL Sonnenblumenöl
500 g Hähnchenbrustfilet
4 Frühlingszwiebeln
200 g Zuckerschoten
1 Mango
1 TL rote Currypaste
1 TL Rohrzucker
400 ml Kokosmilch
160 g 10-Minuten-Basmati-Reis
200 ml Wasser

3-4 *Portionen*

15 min *Vorbereitungszeit*

leicht *Schwierigkeitsgrad*

exotisch *Geschmack*

Zubereitung:

1. *Schälen Sie zuerst die Knoblauchzehe und den Ingwer und schneiden beides klein. Das Hähnchenbrustfilet kurz abwaschen und anschließend in Streifen schneiden. Schälen Sie zuerst die Mango und schneiden Sie das Fruchtfleisch vom Kern herunter. Anschließend die Fruchtfleischstücke würfeln.*
2. *Waschen Sie als danach noch die Frühlingszwiebeln und schneiden sie in Ringe.*
3. *Erhitzen Sie in einem Topf das Sonnenblumenöl und dünsten darin den Ingwer und den Knoblauch für 2 Minuten an. Geben Sie die Currypaste unter Rühren hinzu.*
4. *Den Rohrzucker zusammen mit der Mango, der Kokosmilch, 200 ml Wasser, dem Reis, das Hähnchenbrustfilet und den Frühlingszwiebeln hinzugeben und 10 Minuten köcheln lassen. Geben Sie nach 5 Minuten Kochzeit die Zuckerschoten hinzu.*
5. *Geben Sie vor dem Servieren die Cashewkerne über den Reis und servieren ihn..*

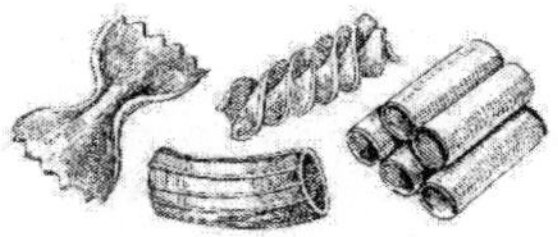

Bunter
Quinoa-Topf

Zutaten

50 g Walnüsse
160 g Quinoa
50 g getrocknete Cranberrys
1 weiße Küchenzwiebel
2 EL gehackte Petersilie (TK)
1 Knoblauchzehe
Meersalz, frisch gemahlener Pfeffer
1 Blumenkohl
1 rote Paprikaschote
800 ml Hühnerbrühe
400 g Hähnchenbrustfilet
1 EL Rapsöl

3-4 Portionen

10 min Vorbereitungszeit

leicht Schwierigkeitsgrad

würzig Geschmack

Zubereitung:

1. *Geben Sie als Erstes die Quinoa in ein Sieb und spülen diese gründlich mit heißem Wasser ab. Das sorgt dafür, dass vorhandene Bitterstoffe ausgespült werden.*
2. *Schälen Sie die Knoblauchzehe und die Zwiebel und hacken beides klein. Den Blumenkohl waschen und in Röschen schneiden.*
3. *Die Paprikaschote ebenfalls waschen, den Deckel entfernen und Trennhäute und Kerngehäuse herauslösen. Anschließend in Würfel schneiden. Das Hähnchenbrustfilet kurz abwaschen und danach würfeln.*
4. *Erhitzen Sie in einem Topf das Öl und dünsten darin den Knoblauch und die Zwiebel 2 Minuten an.*
5. *Geben Sie nach und nach die Quinoa, die Brühe, den Blumenkohl, die Hähnchenbrustwürfel und die Paprika hinzu und lassen alles 10 Minuten köcheln.*
6. *Würzen Sie mit Pfeffer und Salz nach Ihrem Geschmack ab und nehmen den Topf von der Kochstelle. Lassen Sie den Quinoa-Topf noch 5 Minuten quellen.*
7. *Rühren Sie die Cranberrys noch unter und geben die Walnüsse als Garnitur darüber. Die frisch gehackte Petersilie zu guter Letzt darüber streuen und servieren.*

Tipp: Für eine vegetarische Variante können Sie das Hähnchenfleisch durch Brokkoli ersetzen.

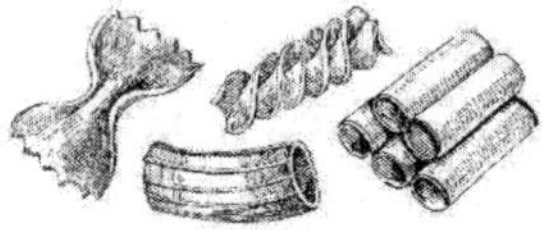

Speedy-Gonzales Reis

Zutaten

1 EL gehackte Petersilie (TK)
Meersalz, Paprikapulver, Kreuzkümmel
1 weiße Küchenzwiebel
1 rote Paprikaschote
1 Knoblauchzehe
300 g Mais (Dose)
300 g Kidneybohnen (Dose)
1 EL Olivenöl
1 Avocado
300 ml Gemüsebrühe
400 g gehackte Tomaten (Dose)
160 g 10-Minuten-Parboiled-Reis (alternativ Naturreis)

2-3 Portionen
10 min Vorbereitungszeit
leicht Schwierigkeitsgrad
vegetarisch Ernährungsform

Zubereitung:

1. *Schälen Sie zuerst den Knoblauch und die Zwiebel und hacken beides klein. Gießen Sie den Mais und die Bohnen ab. Kurz unter fließendem Wasser abwaschen. Die Paprika waschen, den Deckel entfernen und die Trennhäute und Kerne herauslösen. Schneiden Sie die Paprikaschote anschließend klein. Die Avocado schälen, halbieren und den Kern entfernen. Schneiden Sie als nächstes das Fruchtfleisch in Würfel.*
2. *Erhitzen Sie in einem Topf das Olivenöl und dünsten darin den Knoblauch und die Zwiebel an.*
3. *Geben Sie nun den Reis, die Gemüsebrühe, die Bohnen, den Mais, die Petersilie, die gehackten Tomaten und die Paprika hinzu. Lassen Sie alles für 10 Minuten köcheln.*
4. *Rühren Sie nun noch die Avocado-Würfel unter und würzen alles nach Ihrem Geschmack mit Paprikapulver, Salz und Kümmel ab.*
5. *Guten Appetit!*

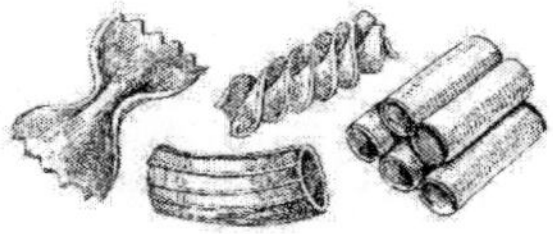

Auberginen-Tomaten Nudeln

Zutaten

Etwas frisch gemahlener Parmesan
1 weiße Küchenzwiebel
4 EL gehackte Petersilie
2 Knoblauchzehen
1 Prise Rohrzucker
Meersalz, frisch gemahlener Pfeffer
1 Zucchini
1 Aubergine
3 EL Olivenöl
500 g Farfalle
800 ml Gemüsebrühe
400 g passierte Tomaten (Dose)
3 EL Tomatenmark
1 EL getrockneter Oregano

Zubereitung:

1. *Schälen Sie in einem ersten Schritt die Knoblauchzehen und die Zwiebel. Anschließend klein schneiden. Die Zucchini und die Aubergine waschen und in Scheiben schneiden.*
2. *Geben Sie den Knoblauch, die Zwiebel, das Tomatenmark, die Aubergine, die Zucchini und die passierten Tomaten in einen Topf. Gießen Sie kochende Gemüsebrühe darüber. Geben Sie das Öl und die Nudeln hinzu und lassen alles 10 Minuten kochen. Rühren Sie zwischendurch immer wieder um, damit nichts anbrennt.*
3. *Würzen Sie vor dem Servieren alles mit Zucker, Pfeffer, Oregano und Salz ab. Rühren Sie 2 EL Petersilie unter und richten alles auf Tellern an. Die restliche Petersilie darüber streuen und mit dem Parmesan servieren.*

4 Portionen
20 min Vorbereitungs-zeit
leicht Schwierigkeits-grad
vegetarisch Ernährungs-form

Tipp: Sie können anstelle der Auberginen auch Brokkoli oder Blumenkohl verwenden. Beziehen Sie Ihre Kleinen auch immer wieder in das Kochen mit ein. Je nach Lebensalter können die Kleinen bereits wichtige Aufgaben wie das Gemüse waschen oder das Abwiegen der Zutaten übernehmen. Das freut nicht nur Sie, sondern auch die Kinder. So macht Kochen mit der Familie Spaß.

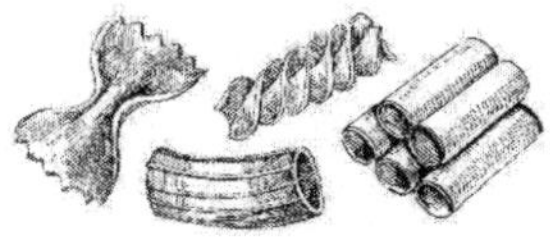

Italienische Pfanne

Mit Spinat

Zutaten

1 Knoblauchzehe
3 EL geriebener Parmesan
1 weiße Küchenzwiebel
200 g gelbe Cocktailtomaten
1 EL Olivenöl
200 ml Sahne
200 g gehackter Blattspinat (TK)
600 g Spinat-Ricotta-Tortellini
2 EL Frischkäse
Meersalz, frisch gemahlener Pfeffer, Muskatnuss
100 ml Wasser

3-4 Portionen

15 min Vorbereitungszeit

leicht Schwierigkeitsgrad

vegetarisch Ernährungsform

Zubereitung:

1. *Schälen und würfeln Sie die Knoblauchzehe und die Zwiebel. Die Tomaten waschen und halbieren.*
2. *Erhitzen Sie das Olivenöl in einer Pfanne und schwitzen darin die Zwiebel und den Knoblauch an.*
3. *Geben Sie 100 ml Wasser zusammen mit dem Spinat und der Sahne in die Pfanne. Rühren Sie um und lassen alles kurz aufkochen. Geben Sie anschließend die Tortellini hinzu und lassen alles 5 Minuten köcheln.*
4. *Rühren Sie nun noch den Frischkäse und die Tomaten unter. Würzen Sie nach Ihrem Geschmack mit Pfeffer, Muskatnuss und Salz.*
5. *Streuen Sie den Parmesan als Highlight über die Tortellini-Pfanne und servieren Sie alles sofort.*

Tipp: Bei diesem Gericht können Sie ganz viel Kreativität spielen lassen. Probieren Sie doch verschiedene Gemü-sesorten wie Paprika, Zucchini, Brokkoli, Kürbis oder auch Blumenkohl aus. Testen Sie zusammen mit Ihrer Familie was Ihnen besonders gut schmeckt.

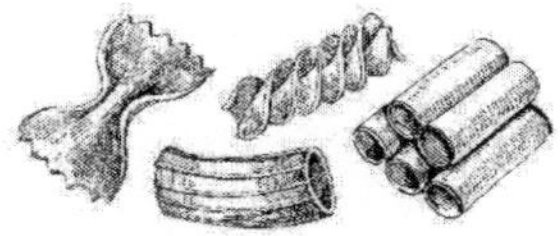

Zuckerschoten-Penne

Mit Lachs

Zutaten

2 Stängel Koriander
250 g Zuckerschoten
400 g Penne
2 rote Paprikaschoten
Meersalz, frisch gemahlener Pfeffer
400 g Lachsfilet (ohne Haut)
Etwas Zitronensaft
4 EL Olivenöl
2 Knoblauchzehen

4 Portionen
15 min Vorbereitungszeit
leicht Schwierigkeitsgrad
raffiniert Geschmack

Zubereitung:

1. *Schälen und würfeln Sie die Knoblauchzehe und die Zwiebel. Die Tomaten waschen und halbieren.*
2. *Erhitzen Sie das Olivenöl in einer Pfanne und schwitzen darin die Zwiebel und den Knoblauch an.*
3. *Geben Sie 100 ml Wasser zusammen mit dem Spinat und der Sahne in die Pfanne. Rühren Sie um und lassen alles kurz aufkochen. Geben Sie anschließend die Tortellini hinzu und lassen alles 5 Minuten köcheln.*
4. *Rühren Sie nun noch den Frischkäse und die Tomaten unter. Würzen Sie nach Ihrem Geschmack mit Pfeffer, Muskatnuss und Salz.*
5. *Streuen Sie den Parmesan als Highlight über die Tortellini-Pfanne und servieren Sie alles sofort.*

Suppen & Eintöpfe

Stärkende Zucchini-Suppe

FÜR KLEINE ABENTEURER

ZUTATEN

2 große festkochende Kartoffeln
Meersalz, frisch gemahlener Pfeffer
500 ml Gemüsebrühe
2 Zucchini
2 EL Olivenöl
800 g Cannellini-Bohnen (Dose)
3 Knoblauchzehen
1 Handvoll frische Petersilie
2 weiße Küchenzwiebeln
3 Stängel frischer Dill

4 Portionen

15 min Vorbereitungszeit

leicht Schwierigkeitsgrad

vegetarisch Ernährungsform

ZUBEREITUNG:

1. *Schälen Sie zuerst die Kartoffeln und schneiden sie anschließend in Würfel.*
2. *Waschen Sie die Zucchini und schneiden sie ebenfalls in Würfel. Gießen Sie die Bohnen aus der Dose ab, waschen sie kurz und lassen sie abtropfen. Die frischen Kräuter waschen und klein hacken. Schälen und hacken Sie nun auch die Knoblauchzehen und die Zwiebeln.*
3. *Erhitzen Sie als nächstes das Olivenöl in einem Topf. Dünsten Sie darin den Knoblauch und die Zwiebeln glasig an. Geben sie die Kartoffeln hinzu und lassen alles 5 Minuten andünsten. Die Bohnen hinzugeben und alles mit der Brühe ablöschen. Lassen Sie die Suppe für 10 Minuten zugedeckt köcheln.*
4. *Geben Sie nach der Kochzeit die Zucchini hinzu und würzen alles nach Ihrem Geschmack mit Pfeffer und Salz. Lassen Sie die Suppe nochmals 10 Minuten köcheln. Nun können Sie die Kräuter untermischen, kurz aufkochen lassen und bei Bedarf nochmals würzen.*
5. *Geben Sie die Suppe nun in Schälchen und genießen Sie diese stärkende Suppe mit Ihrer Familie.*

TIPP: Wussten Sie, dass Petersilie nicht nur einem Gericht einen tollen Geschmack verleiht, sondern auch wertvolle Inhaltsstoffe wie die Vitamine A und C, sowie Zeaxanthin und Lutein enthält? Gerade Lutein und Zeaxanthin sind wichtig für die Sehkraft. Bringen Sie also immer wieder Petersilie in Ihre Küche mit ein.

Mitmach-Brokkoli-Suppe

FÜR GROß & KLEIN

ZUTATEN

1 EL gehackte Petersilie
250 g mehligkochende Kartoffeln
1 EL Crème fraîche
250 g Brokkoli
Gemahlener Pfeffer, Meersalz, Muskatnuss
1 weiße Küchenzwiebel
750 ml Gemüsebrühe
1 Knoblauchzehe
50 g Haselnusskerne
3 EL Olivenöl

- 4 Portionen
- 15 min Vorbereitungszeit
- leicht Schwierigkeitsgrad
- vegetarisch Ernährungsform

ZUBEREITUNG:

1. *Beziehen Sie Ihre Kinder hier auch besonders mit ein. Das Schälen und Waschen der Kartoffeln können die Kleinen übernehmen.*
2. *Die Kartoffeln schälen, waschen und in 2 cm große Würfel schneiden. Waschen Sie als nächstes den Brokkoli und schneiden ihn in Röschen. Die Knoblauchzehe abziehen und klein hacken. Die Küchenzwiebel schälen und genau wie die Knoblauchzehe klein hacken.*
3. *Die Haselnusskerne als nächstes ebenfalls klein hacken. Geben Sie die Nüsse nun in einen Topf und rösten sie ohne Fett kurz an. Anschließend herausnehmen und zur Seite stellen.*
4. *Geben Sie in den Topf nun das Olivenöl und dünsten darin den Knoblauch und die Zwiebel an. Den Brokkoli und die Kartoffeln hinzugeben und alles nochmals kurz andünsten. Löschen Sie das Gemüse mit der Brühe ab und lassen die Suppe zugedeckt 15 Minuten köcheln.*
5. *Nach der Kochzeit können Sie die Suppe pürieren und mit Pfeffer, Salz und Muskatnuss würzen. Geben Sie zum Schluss noch die Crème fraîche in die Suppe. Falls Ihre Kinder mitgeholfen haben, können diese nun die Haselnüsse und die Petersilie über die Suppe streuen.*
6. *Füllen Sie die Suppe in Schälchen und genießen Sie die perfekte Mittagsstärkung für Groß & Klein.*

TIPP: Haben Sie gewusst, dass Haselnüsse absolute Energiespender und Radikalfänger sind. Mit einer Handvoll dieser Nüsse können Sie bereits die Hälfte des Tagesbedarfs an Vitamin E decken. Geben Sie Ihrem kleinen Schatz also täglich eine Handvoll davon.

Lachs-Rüben-Suppe

Zutaten

250 g Lachsfilet (ohne Haut)
150 g mehligkochende Kartoffeln
1 Msp. gemahlener Safran
250 g Mairübchen
Zitronensaft
1 weiße Küchenzwiebel
100 ml süße Sahne
1 Knoblauchzehe
500 ml Gemüsebrühe
2 EL Rapsöl
1 Msp. gemahlener Piment
Grobes Meersalz, gemahlener Pfeffer
1 Msp. abgeriebene Zitronenschale

4 Portionen

15 min Vorbereitungszeit

leicht Schwierigkeitsgrad

beliebt Geschmack

Zubereitung:

1. *Schälen Sie als erstes die Mairübchen und die Kartoffeln und schneiden beides würfelartig. Die Knoblauchzehe und die Zwiebel schälen und klein hacken.*
2. *Erhitzen Sie in einem Topf das Öl und dünsten darin den Knoblauch und die Zwiebel an. Geben Sie nach und nach die Kartoffeln und die Mairübchen hinzu und würzen alles mit Pfeffer, Piment, Salz und Zitronenabrieb.*
3. *Gießen Sie das Gemüse mit der Brühe an. Geben Sie noch die Sahne hinzu und lassen alles bei mittlerer Hitze zugedeckt 20 Minuten köcheln.*
4. *Nach der Kochzeit können Sie die Suppe fein pürieren und nochmals mit Pfeffer, Salz und etwas Zitronensaft abschmecken.*
5. *Schöpfen Sie 4 EL Suppe ab, rühren den Safran hinein und stellen sie kurz zur Seite.*
6. *Widmen Sie sich nun dem Lachsfilet und brausen es kurz ab. Schneiden Sie es anschließend in mundgerechte Stücke.*
7. *Geben Sie den Lachs in die Suppe und lassen alles nochmals 5-8 Minuten ziehen. Verteilen Sie die fertige Rübchen-Suppe auf Schälchen. Geben Sie die Safran-Creme darüber und genießen Ihre frische Suppe.*

Tipp: Falls Sie keine Mairübchen haben, können Sie auch Karotten oder Pastinaken verwenden.

Herzhafte

Lauch-Brot-Suppe

Zutaten

600 ml Fleischbrühe
2 Scheiben altbackenes Bauernbrot
Weißer Pfeffer, Meersalz
1 EL Rapsöl
1 weiße Küchenzwiebel
1 EL Butter
1 Knoblauchzehe
1 Stängel frischer Kerbel
1 Stange Lauch
4 Stängel frische Petersilie

4 *Portionen*

15 min *Vorbereitungszeit*

leicht *Schwierigkeitsgrad*

Vitamin-C-Quelle *Ernährungsform*

Zubereitung:

1. *Schneiden Sie das Brot zuerst in 2 cm große Stücke. Die Zwiebel und die Knoblauchzehe schälen und in Streifen schneiden. Waschen Sie den Lauch und schneiden ihn in Ringe. Die frische Petersilie und den Kerbel waschen und fein hacken.*
2. *Erhitzen Sie in einem Topf die Butter und dünsten darin die Brotwürfel kurz an. Anschließend können Sie diese herausnehmen und zur Seite stellen.*
3. *In dem Topf nun das Rapsöl erhitzen und den Knoblauch und die Zwiebeln andünsten. Geben Sie den Lauch hinzu. Würzen Sie nun nach Belieben mit Pfeffer und Salz. Löschen Sie das Gemüse mit der Brühe ab und lassen die Suppe solange köcheln, bis das Gemüse weich ist. Das dauert in der Regel ungefähr 15 Minuten.*
4. *Verteilen Sie die Suppe nun auf Suppenschalen. Geben Sie die gehackten Kräuter und das Brot in die Suppe und servieren alles.*

Raffinierter Kohlrabi-Eintopf

Für die ganze Familie

Zutaten

3 EL Walnusskerne
3 Schalotten
1 EL gehackte Basilikumblätter
200 g Naturreis
4 Kohlrabi
1 TL gemahlener Kurkuma
400 ml vegane Gemüsebrühe
1 TL mildes Currypulver
1 EL Kümmelsamen
3 EL Olivenöl
Meersalz, frisch gemahlener Pfeffer
Saft und abgeriebene Schale einer Bio-Zitrone

4 Portionen
15 min Vorbereitungszeit
leicht Schwierigkeitsgrad
vegan Ernährungsform

Zubereitung:

1. *In einem ersten Schritt die Schalotten schälen und in Würfel schneiden.*
2. *Erhitzen Sie in einem Topf das Olivenöl und schwitzen die Schalotten darin an. Geben Sie den Reis und das Kurkumapulver hinzu. Currypulver und Kümmel untermischen und alles 2 Minuten andünsten lassen. Mit der Brühe ablöschen und den Reis-Topf 20 Minuten köcheln lassen.*
3. *Schälen Sie in der Zwischenzeit die Kohlrabis und schneiden sie in 2 cm große Würfel. Geben Sie die Kohlrabis nun zu dem Reis und garen sie 5 Minuten mit. Würzen Sie den Eintopf nach Ihrem Geschmack mit Pfeffer und Salz. Geben Sie 1 EL Zitronensaft und die abgeriebene Schale hinzu und rühren den Eintopf um. Nochmals für 5 Minuten köcheln lassen.*
4. *Hacken Sie als nächstes die Walnusskerne. Nehmen Sie den Eintopf von der Kochstelle und richten ihn auf Tellern an. Schmecken Sie nochmals mit etwas Zitronensaft, Pfeffer und Salz ab. Garnieren Sie den Eintopf mit den Walnusskernen und dem gehackten Basilikum.*

Tipp: Kohlrabi sind gerade für die Kleinen besonders wertvoll in der Wachstumsphase. Sie enthalten viel Magnesium und sorgen somit für starke und gesunde Knochen. Das Gehirn profitiert auch von diesem Power-Gemüse. Bei Schlafstörungen und für gute Laune sind Kohlrabis ebenfalls hilfreich.

„Bella-Italia"

Eintopf

Zutaten

100 g geriebener Mozzarella
1 weiße Küchenzwiebel
600 ml Gemüsebrühe
2 EL gehacktes Basilikum (TK)
1 Knoblauchzehe
1 EL Olivenöl
2 Dosen gehackte Tomaten
200 g Salami am Stück
250 g Fusilli
Meersalz, frisch gemahlener Pfeffer

2-3 Portionen

10 min Vorbereitungszeit

leicht Schwierigkeitsgrad

raffiniert Geschmack

Zubereitung:

1. *Dieser Eintopf ist bei Kindern besonders beliebt. Lassen Sie Ihre Kleinen hier auch gerne ein bisschen mithelfen und zum Beispiel die Zutaten abwiegen.*
2. *Schälen Sie zuerst die Zwiebel und die Knoblauchzehe und hacken sie anschließend klein. Die Salami in Scheiben schneiden.*
3. *Erhitzen Sie in einem Topf das Olivenöl und dünsten darin den Knoblauch, die Zwiebel und die Salami an. Geben Sie die gehackten Tomaten, die Nudeln, das Basilikum und die Brühe dazu und lassen alles bei mittlerer Hitzezufuhr 10 Minuten köcheln.*
4. *Zum Schluss können Sie den Mozzarella unterheben und nochmals 2 Minuten ziehen lassen.*
5. *Würzen Sie diesen Pizza-Topf noch nach Ihrem Geschmack mit Pfeffer und Salz und servieren ihn sofort.*

Klassische

Kohlrabi-Kartoffel-Suppe

Zutaten

2 EL gehackte Petersilie (TK)
1 weiße Küchenzwiebel
Meersalz, frisch gemahlener Pfeffer, Muskatnuss
2 Kohlrabi
1, 4 l Gemüsebrühe
500 g festkochende Kartoffeln
2 EL Butter
100 ml frische Bio-Milch (1,5 % Fett)

4 Portionen

15 min Vorbereitungszeit

leicht Schwierigkeitsgrad

vegetarisch Ernährungsform

Zubereitung:

1. *Schälen Sie in einem ersten Schritt die Zwiebel und hacken diese klein. Die Kohlrabi und die Kartoffeln ebenfalls schälen, waschen und in Würfel schneiden.*
2. *Erhitzen Sie die Butter in einem Topf und schwitzen darin die Kartoffeln, die Zwiebeln und die Kohlrabi 2 Minuten lang an. Geben Sie die Brühe hinzu und lassen alles 20 Minuten köcheln.*
3. *Pürieren Sie die Suppe nun zu einer cremigen Konsistenz. Geben Sie die Kräuter und die Milch hinzu und schmecken alles mit Pfeffer, Muskatnuss und Salz nach Ihrem Geschmack ab.*
4. *Servieren Sie die Suppe solange sie noch warm ist.*

Klassische

Hühnersuppe für Groß und Klein

Zutaten

150 g Suppennudeln
2 Hähnchenbrustfilets
500 g Suppengemüse (TK)
4 EL gehackte Petersilie (TK)
2 Liter Hühnerbrühe
1 Lorbeerblatt

4 Portionen

5 min Vorbereitungs-zeit

leicht Schwierigkeits-grad

beliebt Geschmack

Zubereitung:

1. *Waschen Sie die Hähnchenbrustfilets kurz ab. Schneiden Sie das Fleisch anschließend klein.*
2. *Erhitzen Sie die Brühe in einem Topf und lassen sie aufkochen. Sobald die Suppe kocht können Sie das Hähnchenbrustfilet, die Petersilie, das Lorbeerblatt und das Suppengemüse hinzugeben. Lassen Sie die Suppe 5 Minuten köcheln.*
3. *Geben Sie die Suppennudeln hinzu und kochen die Suppe nochmals 5 Minuten.*
4. *Entnehmen Sie das Lorbeerblatt und servieren Sie Ihre Suppe.*

Tipp: Falls Sie kein TK-Suppengemüse haben, können Sie natürlich auch frisches verwenden. Hierfür eignen sich besonders Lauch, Möhren, Sellerie, Pastinaken oder auch Blumenkohl. Sie können hier ganz nach Vorlieben und saisonalem Angebot variieren.

Herzhafter

Linsen-Kartoffel-Eintopf

Zutaten

1 EL Balsamico-Essig
1 weiße Küchenzwiebel
1 ½ l Gemüsebrühe
100 g durchwachsener Speck
250 g Berglinsen
2 Möhren
1 EL Butter
2 Wiener Würstchen
1 Stange Lauch
1 Prise Rohrzucker
1 EL gehackte Petersilie (TK)
200 g festkochende Kartoffeln
1 TL mittelscharfer Senf
Meersalz, frisch gemahlener Pfeffer

Zubereitung:

1. *Dieser Eintopf ist bei Klein und Groß gleichermaßen beliebt.*
2. *Schälen Sie zuerst die Zwiebel und schneiden sie in Würfel. Den Speck ebenfalls in Würfel schneiden.*
3. *Erhitzen Sie in einem Topf die Butter und dünsten darin den Speck und die Zwiebeln 2 Minuten an. Geben Sie die Linsen und 1 l Gemüsebrühe hinzu und lassen alles 20 Minuten köcheln.*
4. *In der Zwischenzeit können Sie sich den restlichen Zutaten widmen. Schälen Sie die Möhre und schneiden sie in Würfel. Den Lauch waschen und klein schneiden. Die Kartoffeln schälen und würfeln. Schneiden Sie die Würstchen in Scheiben.*
5. *Geben Sie nun noch 500 ml Gemüsebrühe zusammen mit den Möhren, den Kartoffeln und dem Lauch zum Linsen-Eintopf hinzu. Lassen Sie alles nochmals 20 Minuten köcheln.*
6. *Nach 15 Minuten der Kochzeit können Sie die Würstchen hinzugeben. Würzen Sie den Eintopf zum Schluss ganz nach Ihrem Geschmack mit Pfeffer, Balsamico, Senf, Salz und Zucker. Die Petersilie als Garnitur noch darüber verteilen und servieren.*

Wärmende

Möhren-Suppe

Zutaten

2 EL gehackte Petersilie (TK)
1 weiße Küchenzwiebel
2 EL Butter
800 g Möhren
1,4 l Gemüsebrühe
150 g Frischkäse
Meersalz, frisch gemahlener Pfeffer, Currypulver
2 EL zerbröselten Schafskäse

4 Portionen

15 min Vorbereitungs-zeit

leicht Schwierigkeits-grad

vegetarisch Ernährungs-form

Zubereitung:

1. *Schälen Sie zuerst die Zwiebel und schneiden sie klein. Die Möhren ebenfalls schälen und würfeln.*
2. *Erhitzen Sie die Butter in einem großen Topf und dünsten darin die Möhren und Zwiebeln 2 Minuten lang an. Löschen Sie alles mit der Brühe ab und lassen die Suppe für 20 Minuten köcheln.*
3. *Sobald die Suppe gar ist, können Sie diese mit einem Pürierstab zu einer cremigen Konsistenz pürieren. Falls notwendig können Sie noch etwas Brühe oder Wasser hinzugeben.*
4. *Heben Sie nun den Frischkäse und die Petersilie unter die Suppe. Würzen Sie nach Ihrem Geschmack mit Pfeffer, Salz und Currypulver die Suppe. Geben Sie den zerbröselten Feta als Highlight noch in die Suppe. Guten Appetit!*

Tipp: Diese Suppe ist ein absoluter Familien-Liebling. Falls Sie hier ein paar andere Varianten möchten, können Sie die Hälfte der Möhren durch Pastinaken oder auch festkochende Kartoffeln ersetzen.

Cremige
Herbst-Suppe

Zutaten

500 ml Kokosmilch
1 Hokkaido-Kürbis (800 g)
2 EL Butter
400 g Möhren
1 weiße Küchenzwiebel
1 l Gemüsebrühe
Meersalz, frisch gemahlener Pfeffer, Currypulver

4 Portionen

15 min Vorbereitungszeit

leicht Schwierigkeitsgrad

vegetarisch Ernährungsform

Zubereitung:

1. *Waschen Sie kurz den Kürbis und halbieren ihn. Schneiden Sie ihn anschließend in Würfel. Die Möhren schälen und ebenfalls in Würfel schneiden. Schälen Sie auch noch die Zwiebel und schneiden sie klein.*
2. *Erhitzen Sie die Butter in einem Topf und dünsten darin die Möhren, den Kürbis und die Zwiebel 5 Minuten an.*
3. *Löschen Sie das Gemüse mit der Brühe ab und lassen die Suppe 30 Minuten köcheln. Nach der Kochzeit die Suppe zu einer cremigen Konsistenz pürieren.*
4. *Geben Sie die Kokosmilch noch zu der Suppe hinzu und würzen alles nach Ihrem Geschmack mit Pfeffer, Curry und Salz. Die Suppe anschließend auf Tellern anrichten und servieren.*

Vegane

Linsen-Suppe

Zutaten

½ TL gemahlener Kreuzkümmel
Meersalz, frisch gemahlener Pfeffer, Rohrzucker
Etwas gemahlener Ingwer
Etwas gemahlenes Chilipulver
Etwas Limettensaft
1 Schalotte
½ TL gemahlener Koriander
2 Knoblauchzehen
800 ml vegane Gemüsebrühe
1 Möhre
200 g rote Linsen
200 g mehligkochende Kartoffeln
2 EL Olivenöl

4
Portionen

15 min
Vorbereitungs-zeit

leicht
Schwierigkeits-grad

vegan
Ernährungs-form

Zubereitung:

1. *Schälen Sie in einem ersten Schritt die Knoblauchzehen und die Schalotte. Anschließend in Würfel schneiden. Die Kartoffeln und die Möhre ebenfalls schälen und würfeln.*
2. *Erhitzen Sie in einem Topf das Öl und schwitzen darin die Schalotte, den Knoblauch, die Kartoffeln und die Möhren an. Geben Sie die Linsen hinzu und lassen alles 1 Minute gar werden.*
3. *Gießen Sie die Gemüsebrühe in den Topf und würzen mit Kümmel, Koriander, Pfeffer und Salz. Lassen Sie alles für 15-20 Minuten köcheln. Pürieren Sie die Suppe danach fein cremig und schmecken sie mit Zucker, Ingwer, Limettensaft, Salz und Chilipulver ab.*
4. *Richten Sie die cremige Suppe auf Tellern an und servieren sie noch warm.*

Desserts/Nachspeisen
Süße Momente

Selbstgemachter Vanillepudding

Zutaten

2 frische Bio-Eigelbe, Größe M
500 ml frische Milch (3,5 % Fett)
25 g Speisestärke
1 Vanilleschote
60 g Rohrzucker
200 g frische Heidelbeeren

4 Portionen

15 min Vorbereitungszeit

leicht Schwierigkeitsgrad

vegetarisch Ernährungsform

Zubereitung:

1. *Diesen Pudding lieben nicht nur Kinder, sondern auch Eltern besonders.*
2. *Geben Sie zuerst die Milch in einen Topf und bringen sie zum Kochen.*
3. *In der Zwischenzeit können Sie die Vanilleschote aufschneiden und das Mark herauslösen. Rühren Sie das Mark unter die Milch.*
4. *Verrühren Sie in einer Rührschüssel nun die Speisestärke, den Rohrzucker und die Eigelbe miteinander. Nehmen Sie von der Milch 3 EL und rühren sie ebenfalls unter.*
5. *Sobald die Milch kocht, den Topf von der Kochstelle nehmen und den Speisestärke-Mix unterrühren. Stellen Sie den Topf nochmals auf die Herdplatte und rühren 1 Minute bei geringer Hitzezufuhr den Pudding.*
6. *Waschen Sie in der Zwischenzeit die Heidelbeeren und rühren sie unter den Pudding.*
7. *Füllen Sie nun alles in eine Schüssel und lassen den Pudding erkalten. Falls Sie keine Haut auf dem Pudding möchten, können Sie sofort Frischhaltefolie darüber streifen und erst vor dem Servieren herunternehmen.*

Tipp: Diesen Pudding können Sie ganz nach den Vorlieben Ihres Lieblings variieren. Es eignen sich auch verschiedene Gewürze wie Zimt oder Lebkuchengewürz. Geben Sie sonst andere Früchte wie Erdbeeren, Himbeeren, Johannisbeeren oder auch Brombeeren als Garnitur auf den Pudding.

Raffiniertes Toast-Gratin

Mit Karamell-Note

Zutaten

Butter zum Einfetten
8 Feigen
4 EL griechischer Joghurt
8 Scheiben Toastbrot
500 ml warme frische Bio-Milch (1,5 %)
3 frische Bio-Eier, Größe M
1 TL Vanilleextrakt
3 EL Rohrzucker
50 g Karamellsauce
Etwas Minzblätter

6 Portionen

20 min Vorbereitungs-zeit

leicht Schwierigkeits-grad

vegetarisch Ernährungs-form

Zubereitung:

1. *Heizen Sie zuerst den Backofen auf 180 Grad (Ober-/Unterhitze) vor.*
2. *Fetten Sie nun eine ofenfeste Auflaufform mit etwas Butter ein.*
3. *Waschen Sie die Feigen und schneiden sie in Scheiben. Streichen Sie etwas Karamellsauce auf die Toastscheiben und legen die Hälfte der Feigen darauf. Klappen Sie diese nun zu Sandwiches zusammen und schneiden sie in Quadrate.*
4. *Geben Sie die Eier mit dem Zucker, der Milch und dem Vanilleextrakt in eine Schüssel und verquirlen alles. Legen Sie die Toastscheiben in die Auflaufform. Die restlichen Feigen darauf verteilen und die Vanil-le-Milch über den Auflauf geben.*
5. *Den Auflauf im Ofen für 30 Minuten backen. Anschließend herausnehmen und kurz abkühlen lassen.*
6. *Rühren Sie den griechischen Joghurt glatt und verteilen ihn auf dem Auflauf. Die Minze-Blätter darauf verteilen und servieren.*

Kirsch-
Brot-Auflauf

Zutaten

2 EL Mandelblättchen
Etwas Butter zum Einfetten
300 g Baguette oder altbackener Hefezopf
200 ml süße Sahne
1 EL Rohrzucker
200 g Kirschen
100 ml frische Bio-Milch (3,5 % Fett)
2 frische Bio-Eier, Größe M

4
Portionen

15 min
Vorbereitungszeit

leicht
Schwierigkeitsgrad

vegetarisch
Ernährungsform

Zubereitung:

1. *Heizen Sie in einem ersten Schritt den Backofen auf 180 Grad (Ober-/Unterhitze) vor.*
2. *Fetten Sie eine ofenfeste Auflaufform mit etwas Butter ein.*
3. *Schneiden Sie das Brot in Scheiben. Waschen Sie als nächstes die Kirschen oder lassen dies Ihre kleinen Lieblinge tun. Anschließend die Früchte entsteinen.*
4. *Schichten Sie nun das Brot und die Kirschen in der Auflaufform.*
5. *Vermengen Sie in einer Schüssel die Eier mit dem Zucker, der Sahne und der Milch. Geben Sie diese flüssige Mischung in die Auflaufform. Streuen Sie die Mandelblättchen darüber und backen den Auflauf für 35-40 Minuten goldbraun.*
6. *Nehmen Sie den Kirsch-Auflauf aus dem Ofen, lassen ihn etwas abkühlen und genießen ihn.*

Französische

Clafoutis mit fruchtiger Note

Zutaten

2 EL Mandelblättchen
30 g flüssige Butter + etwas für die Pfanne
250 g Kirschen
2 frische Bio-Eier, Größe M
200 ml frische Bio-Milch (3,5 % Fett)
30 g Puderzucker
100 g Dinkelmehl
Mark von ½ Vanilleschote
1 Prise Meersalz

4 Portionen

20 min Vorbereitungszeit

leicht Schwierigkeitsgrad

vegetarisch Ernährungsform

Zubereitung:

1. *Heizen Sie den Backofen auf 200 Grad (Ober-/Unterhitze) vor.*
2. *Fetten Sie eine ofenfeste Auflaufform mit Butter ein.*
3. *Schlagen Sie die Eier und den Puderzucker mit einem Handrührgerät schaumig. Geben Sie Salz und Vanillemark hinzu. Das Dinkelmehl mit einem Schneebesen untermischen und nach und nach die flüssige Butter und Milch hinzugeben. Verrühren Sie alles miteinander.*
4. *Waschen Sie die Kirschen und entfernen den Stein.*
5. *Füllen Sie den halben Teig in die Auflaufform. Die Kirschen darauf verteilen und den restlichen Teig darüber geben. Streuen Sie die Mandelblättchen über den Auflauf.*
6. *Die Kirsch-Clafoutis im Ofen für 30-35 Minuten backen. Anschließend herausnehmen, etwas abkühlen lassen und genießen.*

Tipp: Falls Sie gerade keine Kirschen haben, können Sie auch Äpfel oder Himbeeren verwenden.

Knusprige Dinkel-Schokoladen-Kekse

FÜR KLEINE NASCHKATZEN

ZUTATEN

2 Msp. Natron
24 g Pekannüsse
Meersalz
90 ml Kokosöl
1 TL Backpulver
100 ml frische Bio-Milch (3,5 % Fett)
50 g Rohrzucker
1 Handvoll Kakao-Nibs
170 g Dinkelmehl

2-4
Portionen

10 min
Vorbereitungszeit

leicht
Schwierigkeitsgrad

vegetarisch
Ernährungsform

ZUBEREITUNG:

1. *Heizen Sie den Backofen auf 180 Grad (Ober-/Unterhitze) vor.*
2. *Erhitzen Sie das Kokosöl in einer ofenfesten Pfanne. Reduzieren Sie die Temperatur nach unten und geben den Rohrzucker hinein. Rühren Sie hier solange um, bis eine gebundene Masse entstanden ist. Nehmen Sie die Pfanne nun von der Kochstelle.*
3. *Vermengen Sie 1/3 des Dinkelmehls mit dem Backpulver, 1 Prise Salz, dem Natron und der gerade zubereiteten Rohrzucker-Mischung. Verrühren Sie alles miteinander.*
4. *Geben Sie nun die Milch hinzu und rühren solange, bis eine geschmeidige Masse entstanden ist. Das übrige Mehl jetzt unterrühren und bei Bedarf noch etwas Milch hinzugeben. Es sollte eine geschmeidige Masse ohne Klumpen entstehen.*
5. *Geben Sie noch die Kakao-Nibs und die Nüsse in die Pfanne. Stellen Sie die Pfanne in den Ofen und backen die Kekse für 15 Minuten. Zum Schluss können Sie die Cookies noch klein schneiden und genießen.*

Gebackener Apfel

Zutaten

2 TL Rosinen
8 EL zarte Haferflocken
4 gehackte Walnüsse
4 TL flüssiger Bio-Waldhonig
2 Prisen Ceylon-Zimt
4 Äpfel
8 TL Apfelsaft

2-4 Portionen

15 min Vorbereitungszeit

leicht Schwierigkeitsgrad

vegetarisch Ernährungsform

Zubereitung:

1. *Heizen Sie zuerst den Backofen auf 180 Grad (Ober-/Unterhitze) vor.*
2. *Waschen Sie danach die Äpfel. Entfernen Sie mit einem dafür vorgesehen Apfelentkerner das Kerngehäuse und schneiden die Äpfel in Ringe.*
3. *Legen Sie die Apfelscheiben nun in eine Auflaufform. Bestreuen Sie das Obst nun mit den Haferflocken. Die Walnüsse und die Rosinen über die Äpfel streuen und mit dem Apfelsaft, dem Zimt und dem Honig beträufeln.*
4. *Geben Sie die Apfelscheiben nun für 20 Minuten in den Ofen.*
5. *Anschließend das gebackene Obst herausnehmen, abkühlen lassen und servieren.*

Tipp: Sie können dieses leckere Dessert auch mit anderen Früchten wie zum Beispiel Birnen oder Pflaumen machen. Je nach Saison und Vorliebe Ihres Kindes, sind Ihnen hier keine Grenzen gesetzt.

Süße Pfannkuchen-Verführung

Aus dem Ofen

Zutaten

2 frische Bio-Eier, Größe M
100 g Kirschen
1 EL Ahornsirup
1 Bio-Banane
50 g Naturjoghurt
200 ml ungesüßter Mandeldrink
140 g Dinkelmehl
Etwas Kokosöl zum Einfetten
½ TL gemahlene Vanille

1 Backblech – *Portionen*
10 min – *Vorbereitungszeit*
leicht – *Schwierigkeitsgrad*
vegetarisch – *Ernährungsform*

Zubereitung:

1. *Heizen Sie den Backofen auf 180 Grad (Ober-/Unterhitze) vor.*
2. *Waschen Sie nun die Kirschen und entfernen den Kern. Schälen Sie die Banane und schneiden sie in Scheiben.*
3. *Geben Sie in eine Rührschüssel die Eier, das Mehl, den Ahornsirup, den Mandeldrink, die Vanille und den Naturjoghurt. Vermengen Sie alles mit dem Handrührgerät zu einem geschmeidigen Teig.*
4. *Legen Sie ein Blech mit Backpapier aus (alternativ können Sie eine Auflaufform einfetten). Fetten Sie das Backpapier etwas mit Kokosöl ein. Geben Sie den Teig nun auf das Blech. Verteilen Sie die Kirschen und die Bananen darüber.*
5. *Backen Sie den Ofen-Pfannkuchen für 15 Minuten.*
6. *Den fertigen Pfannkuchen aus dem Ofen nehmen und heiß servieren.*

Tipp: Sie können dieses leckere Dessert je nach Jahreszeit variieren. Probieren Sie doch auch einmal frische Pflaumen, Heidelbeeren oder auch Äpfel aus.

Weihnachtlicher Bratapfel

Mit leckerer Mandelfüllung

Zutaten

1 Msp. gemahlene Vanille
2 Äpfel
2 EL Mandelblättchen
4 EL Mandelmus
2 EL Rosinen

2 Portionen

10 min Vorbereitungszeit

leicht Schwierigkeitsgrad

vegan Ernährungsform

Zubereitung:

1. *Heizen Sie zuerst den Backofen auf 175 Grad (Ober-/Unterhitze) vor.*
2. *Waschen Sie die Äpfel und entfernen den Deckel. Höhlen Sie die Äpfel nun mit einem Löffel aus und entfernen dabei auch die Kerne.*
3. *Vermengen Sie in einer Schüssel das Mandelmus mit den Rosinen, der Vanille und den Mandelblättchen. Füllen Sie alles in die ausgehöhlten Äpfel.*
4. *Die Äpfel im Ofen für 20 Minuten backen. Anschließend herausnehmen und genießen.*

Tipp: Sie können hierzu eine Vanillesauce servieren oder noch weihnachtliche Gewürze wie Spekulatius oder Leb-kuchen in den Apfel geben.

Exotischer

Kokos-Milchreis

Zutaten

200 g TK-Heidelbeeren
500 ml Kokosmilch
125 g Mochi-Reis
1 Msp. gemahlene Vanille
60 g Kokosraspeln

2 Portionen

10 min Vorbereitungszeit

leicht Schwierigkeitsgrad

zuckerfrei Ernährungsform

Zubereitung:

1. *Kochen Sie zuerst die Kokosmilch in einem Topf auf. Geben Sie den Mochi-Reis hinzu und lassen alles für 60 Minuten köcheln. Rühren Sie zwischendurch immer wieder um.*
2. *Die gemahlene Vanille und die Kokosraspeln unter den Reis mengen.*
3. *Rühren Sie die Heidelbeeren unter und vermengen alles gründlich. Sie können den Reis nun etwas erkalten lassen oder warm servieren.*

Tipp: Mochi-Reis ist von Haus aus süßer und kommt deswegen ganz ohne Zucker aus. Falls Sie keinen zur Hand haben, können Sie auch normalen Milchreis verwenden. Hier können Sie dann noch etwas Rohrzucker hinzugeben.

Winterlicher Grießbrei

Aus dem „Zauberkessel"

Zutaten

100 g Pflaumen
60 g Weichweizengrieß
1 TL Butter
450 ml frische Bio-Milch (1,5 % Fett)
1 EL flüssiger Bio-Waldhonig
1 Spritzer Zitronensaft
1 Msp. Lebkuchengewürz
Meersalz

2 Portionen
10 min Vorbereitungszeit
leicht Schwierigkeitsgrad
vegetarisch Ernährungsform

Zubereitung:

1. *Geben Sie zuerst die Milch mit dem Salz, Grieß, Zitronensaft, Lebkuchengewürz und Honig in einen Topf. Lassen Sie den Grießbrei für 10 Minuten bei geringer Hitzezufuhr köcheln. Rühren Sie zwischendurch immer wieder gut um, damit auch nichts anbrennt.*
2. *Geben Sie die Butter hinzu und lassen den Brei für 3 Minuten quellen. Die Herdplatte dabei ausstellen.*
3. *Verteilen Sie den Grießbrei nun auf 2 Schüsseln und lassen ihn nochmals 5 Minuten stehen.*
4. *Waschen Sie die Pflaumen, entfernen den Kern und schneiden sie klein. Geben Sie die Früchte über den Grießbrei und servieren ihn.*

Tipp: Ihr kleiner Schatz wird dieses Dessert lieben. Sie können hier individuell auf die Wünsche und Bedürfnisse Ihres Kindes eingehen und die Früchte und Gewürze variieren. Probieren Sie den Brei doch auch einmal mit Zimt oder gemahlener Vanille. Saisonale Früchte wie zum Beispiel Himbeeren, Erdbeeren, Johannisbeeren oder auch Heidelbeeren eigenen sich auch für diesen leckeren Grießbrei.

IMPRESSUM

Der Autor wird vertreten durch ZeitGeist Schreibkunst (Zoicas & Peck GbR)
Landsberger Str. 62
82266 Inning a.Ammersee
Deutschland

Printed in Germany
by Amazon Distribution
GmbH, Leipzig

21948808R00077